■2025年度高等学校受験用

# 日本学園高等学校

## 収録内容一覧



★この問題集は以下の収録内容となっています。また、編集の都合上、解説、解答用紙を省略させていただいている場合もございますのでご了承ください。

（○印は収録、一印は未収録）

| 入試問題と解説・解答の収録内容 | | | 解答用紙 |
|---|---|---|---|
| 2024年度 | 第1回 | 英語・数学・国語 | ○ |
| 2023年度 | 第1回 | 英語・数学・国語 | ○ |
| 2022年度 | 第1回 | 英語・数学・国語 | ○ |
| 2021年度 | 第1回 | 英語・数学・国語 | ○ |

★当問題集のバックナンバーは在庫がございません。あらかじめご了承ください。

# ●凡例●

## 【英語】

≪解答≫

〔　〕　①別解

②置き換え可能な語句（なお下線は置き換える箇所が2語以上の場合）

（例）I am〔I'm〕glad〔happy〕to～

（　）　省略可能な言葉

≪解説≫

**1**，**2**…　本文の段落（ただし本文が会話文の場合は話者の1つの発言）

〔　〕　置き換え可能な語句（なお〔　〕の前の下線は置き換える箇所が2語以上の場合）

（　）　①省略が可能な言葉

（例）「（数が）いくつかの」

②単語・代名詞の意味

（例）「彼（＝警察官）が叫んだ」

③言い換え可能な言葉

（例）「いやなにおいがするなべにはふたをするべきだ（＝くさいものにはふたをしろ）」

//　訳文と解説の区切り

*cf.*　比較・参照

≒　ほぼ同じ意味

## 【数学】

≪解答≫

〔　〕　別解

≪解説≫

（　）　補足的指示

（例）（右図1参照）など

〔　〕　①公式の文字部分

（例）〔長方形の面積〕＝〔縦〕×〔横〕

②面積・体積を表す場合

（例）〔立方体ABCDEFGH〕

∴　ゆえに

≒　約、およそ

## 【社会】

≪解答≫

〔　〕　別解

（　）　省略可能な語

＿＿　使用を指示された語句

≪解説≫

〔　〕　別称・略称

（例）政府開発援助〔ODA〕

（　）　①年号

（例）壬申の乱が起きた（672年）。

②意味・補足的説明

（例）資本収支（海外への投資など）

## 【理科】

≪解答≫

〔　〕　別解

（　）　省略可能な語

＿＿　使用を指示された語句

≪解説≫

〔　〕　公式の文字部分

（　）　①単位

②補足的説明

③同義・言い換え可能な言葉

（例）カエルの子（オタマジャクシ）

≒　約、およそ

## 【国語】

≪解答≫

〔　〕　別解

（　）　省略してもよい言葉

＿＿　使用を指示された語句

≪解説≫

〈　〉　課題文中の空所部分（現代語訳・通釈・書き下し文）

（　）　①引用文の指示語の内容

（例）「それ（＝過去の経験）が～」

②選択肢の正誤を示す場合

（例）（ア，ウ…×）

③現代語訳で主語などを補った部分

（例）（女は）出てきた。

／　漢詩の書き下し文・現代語訳の改行部分

# 日本学園高等学校

| | |
|---|---|
| 所在地 | 〒156-0043 東京都世田谷区松原2-7-34 |
| 電　話 | 03-3322-6331（代） |
| ホームページ | https://www.nihongakuen.ed.jp |
| 交通案内 | 京王線・井の頭線　明大前駅より徒歩5分<br>京王線・東急世田谷線　下高井戸駅より徒歩10分 |

普通科

男子

くわしい情報は
ホームページへ

## 応募状況

| 年度 | | 募集数 | | 受験数 | 合格数 | 倍率 |
|---|---|---|---|---|---|---|
| 2024 | 推薦 | 特進<br>進学 | 124名 | 4名<br>77名 | 4名<br>77名 | 1.0倍<br>1.0倍 |
| | 1回 | 特進<br>進学 | 83名 | 65名<br>59名 | 43名<br>65名 | 1.5倍<br>— |
| | 2回 | 特進<br>進学 | 41名 | 24名<br>31名 | 12名<br>23名 | 2.0倍<br>1.3倍 |
| 2023 | 推薦 | 特進<br>進学・ス | 131名 | 9名<br>103名 | 9名<br>103名 | 1.0倍<br>1.0倍 |
| | 1回 | 特進<br>進学 | 90名 | 102名<br>90名 | 70名<br>111名 | 1.5倍<br>— |
| | 2回 | 特進<br>進学 | 42名 | 37名<br>15名 | 21名<br>12名 | 1.8倍<br>1.3倍 |
| 2022 | 推薦 | 特進<br>総進・ス | 127名 | 1名<br>98名 | 1名<br>98名 | 1.0倍<br>1.0倍 |
| | 1回 | 特進<br>総進 | 90名 | 35名<br>73名 | 27名<br>79名 | 1.3倍<br>— |
| | 2回 | 特進<br>総進 | 39名 | 11名<br>8名 | 10名<br>7名 | 1.1倍<br>1.1倍 |

＊特進＝特別進学コース，総進＝総合進学コース，
ス＝スポーツコース　スライド合格含む。

## 試験科目（参考用：2024年度入試）

推薦：作文，面接（個人）

一般：英語・数学・国語，面接（特進は個人，進学はグループ）

## 沿革

1885年に東京英語学校として創立。吉田茂や横山大観，永井荷風，岩波茂雄などの多数の偉人を輩出。校祖杉浦重剛の教育理念に基づき国際社会に貢献する，高い倫理観を持つ人物の育成を目指している。なお，2026年４月より明治大学の系列校としてスタートする。

## 「人は得意な道で成長すればよい」

本校はこれまでに，政治・経済・学術・芸術芸能・スポーツなどの分野に数多くの優秀な人材を輩出してきた。「人は得意な道で成長すればよい」とは校祖の言葉である。青少年の個性を尊重し，人格教育を重んじた杉浦の精神は今日の学園にもしっかりと受け継がれている。

## 国際教育

ニュージーランド短期留学やオーストラリアへのターム留学を実施している。※希望者

## 高校２コース制

生徒の目標や進路に対応したきめ細かい指導を展開するため２つのコースを設置している。また，早朝や放課後にモジュール講習を行っている。

・特別進学コース：豊富な授業時間を確保し，学力の伸長を図る。難関大学に対応するカリキュラムの展開，少人数クラスの編成，明治大学出張講座などが特徴。

・進学コース：幅広い進学先を目標にしたコース。学習と部活動を両立しながら，希望の進路を実現する。

## 近年の大学合格実績

早稲田大，明治大，青山学院大，立教大，中央大，法政大，日本大，東洋大，駒澤大，専修大，神奈川大，神奈川工科大，順天堂大，東京農業大，立命館大ほか

編集部注―本書の内容は2024年6月現在のものであり，変更されている場合があります。正確な情報は，学校のホームページ等で必ずご確認ください。

# 出題傾向と今後への対策　英語

## 出題内容

| | 2024 第１回 | 2023 第１回 | 2022 第１回 |
|---|---|---|---|
| 大問数 | ９ | 10 | ９ |
| 小問数 | 52 | 57 | 44 |
| リスニング | × | × | × |

◎例年，大問８～10題，小問数40～50問程度である。出題構成は毎年少し変わり，単語問題２～３題，文法・作文問題１～２題，整序結合１題，長文読解３～４題などとなっている。

### 2024年度の出題状況

《第１回》

Ⅰ 単語の発音

Ⅱ 単語のアクセント

Ⅲ 単語の関連知識

Ⅳ 適語(句)選択・語形変化

Ⅴ 整序結合

Ⅵ テーマ作文

Ⅶ 長文読解総合―ホームページ

Ⅷ 長文読解総合―説明文

Ⅸ 長文読解総合―説明文

## 解答形式

| | |
|---|---|
| 2024年度 | 記述／マーク／併用 |

## 出題傾向

中学で学習する範囲の標準的な問題が中心であるが，設問数が多いので，すばやく解答することが要求される。長文は短めだが，設問は英文和訳など記述も多く，理解度を試すものが多い。整序結合は日本語つきで基本的な構文が身についているかを試す問題である。単語問題や文法問題は基礎的な知識，構文，熟語が出題されている。

## 今後への対策

標準的レベルの問題が多いので，教科書の単語や重要構文を全て暗記するとよい。問題集は１冊決めて繰り返し解き，単語は自分でノートにまとめ，手で書いて覚えること。テストで間違えた問題は必ず見直し，ミスを繰り返さないことが大切だ。仕上げとして過去問題集を解き，問題形式と時間配分を確認しておこう。

## ◆◆◆◆◆ 英語出題分野一覧表 ◆◆◆◆◆

| 分野 | | 年度 | 2022 第１回 | 2023 第１回 | 2024 第１回 | 2025予想※ 第１回 |
|---|---|---|---|---|---|---|
| 音声 | 放送問題 | | | | | |
| | 単語の発音・アクセント | | ■ | ■ | ■ | ◎ |
| | 文の区切り・強勢・抑揚 | | | | | |
| 語彙・文法 | 単語の意味・綴り・関連知識 | | ● | ■ | ● | ◎ |
| | 適語(句)選択・補充 | | ● | ■ | ● | ◎ |
| | 書き換え・同意文完成 | | | ● | | △ |
| | 語形変化 | | ■ | ● | ■ | ◎ |
| | 用法選択 | | ● | ● | ● | ◎ |
| | 正誤問題・誤文訂正 | | | | | |
| | その他 | | | ● | | △ |
| 作文 | 整序結合 | | ● | ■ | ■ | ◎ |
| | 日本語英訳 | 適語(句)・適文選択 | | | | |
| | | 部分・完全記述 | | | | |
| | 条件作文 | | | | | |
| | テーマ作文 | | ● | ● | ● | ◎ |
| 会話文 | 適文選択 | | | | | |
| | 適語(句)選択・補充 | | | | | |
| | その他 | | | | | |
| 長文読解 | 内容把握 | 主題・表題 | ● | | | △ |
| | | 内容真偽 | ● | ● | ● | ◎ |
| | | 内容一致・要約文完成 | ● | ● | | ◎ |
| | | 文脈・要旨把握 | ● | ● | ● | ◎ |
| | | 英問英答 | ● | ● | ■ | ◎ |
| | 適語(句)選択・補充 | | ● | | ■ | ◎ |
| | 適文選択・補充 | | | | | |
| | 文(章)整序 | | | | | |
| | 英文・語句解釈(指示語など) | | ● | ■ | ● | ◎ |
| | その他(適所選択) | | ● | | | △ |

●印：１～５問出題，■印：６～10問出題，★印：11問以上出題。

※予想欄　◎印：出題されると思われるもの。　△印：出題されるかもしれないもの。

# 出題傾向と今後への対策

# 数学

## 出題内容

**2024年度**　《第１回》　~~作~~ ~~証~~ ~~グ~~

大問５題，24問の出題。[1]は計算を主とする問題が６問。[2]は小問集合で，数と式，図形などから計７問。[3]は一次方程式の応用問題で，家に帰るまでの時間と距離に関するもの。[4]は関数で，放物線と直線に関するもの。直線の式や三角形の面積，点の$x$座標を求めるもの。等積変形を利用する問題もある。[5]は平面図形で，２つの円を利用した問題。円の性質などの理解が問われている。三角形の面積が等しくなる点が何通りあるかを求める問題も出た。

**2023年度**　《第１回》　~~作~~ ~~証~~ ~~グ~~

大問５題，23問の出題。[1]は計算を主とする問題が６問。[2]は小問集合で，数と式，図形などから計７問。[3]は平面図形で，台形を利用した問題。平行線の性質などの理解が問われている。[4]は空間図形で，４つの球が円柱の中にある図を利用した問題。球の中心を結んでできる図形の面積や円柱の高さなどが問われている。[5]は関数で，放物線と直線に関するもの。図形の性質を利用する問題もある。

作…作図問題　証…証明問題　グ…グラフ作成問題

## 解答形式

2024年度　記　述／マーク／併　用

## 出題傾向

近年は，大問５題，22～25問の出題。[1]，[2]の小問集合で，計13問。[1]は計算を主とするもの，[2]は各分野からの出題となる。全問題数の過半数を占める。[3]以降は，図形，関数が必出。その他の分野では，方程式の応用などが出題されることがある。少しレベルの高い問題が含まれてはいるが，標準的な内容といえる。

## 今後への対策

教科書の章末問題や練習問題を解いて基礎基本の確認を。基礎基本がマスターできたら，標準レベルの問題集を使って演習を積もう。できるだけ多くの問題に接するようにし，いろいろな解法や考え方を身につけるようにしていくとよい。解き方は１つとは限らないので，解けた問題でも解説は読むようにしよう。計算練習もおろそかにしないように。

### ◆◆◆◆◆ 数学出題分野一覧表 ◆◆◆◆◆

| 分野 | 年度 | 2022 第１回 | 2023 第１回 | 2024 第１回 | 2025予想※ 第１回 |
|---|---|---|---|---|---|
| 数と式 | 計算，因数分解 | ★ | ★ | ★ | ◎ |
| | 数の性質，数の表し方 | ● | ● | ● | ◎ |
| | 文字式の利用，等式変形 | ● | ● | ● | ◎ |
| | 方程式の解法，解の利用 | ■ | ■ | ★ | ◎ |
| | 方程式の応用 | ★ | ■ | ★ | ◎ |
| 関　数 | 比例・反比例，一次関数 | | | ● | △ |
| | 関数$y=ax^2$とその他の関数 | ★ | ★ | ★ | ◎ |
| | 関数の利用，図形の移動と関数 | | | | |
| 図　形 | （平面）計　量 | ★ | ★ | ★ | ◎ |
| | （平面）証明，作図 | | | | |
| | （平面）その他 | | | ● | |
| | （空間）計　量 | ● | ★ | ● | ◎ |
| | （空間）頂点・辺・面，展開図 | | | | |
| | （空間）その他 | | | | |
| データの活用 | 場合の数，確率 | ● | | | △ |
| | データの分析・活用，標本調査 | | | | |
| その他 | 不 等 式 | | | | |
| | 特殊・新傾向問題など | | | | |
| | 融合問題 | | | | |

●印：１問出題，■印：２問出題，★印：３問以上出題。
※予想欄　◎印：出題されると思われるもの。　△印：出題されるかもしれないもの。

# 出題傾向と今後への対策

# 国語

## 出題内容

**2024年度** 《第１回》

一 漢字　　二 漢字
三 論説文　　四 小説

**課題文**

三 鷲谷いづみ『自然再生』
四 瀬尾まいこ『あと少し，もう少し』

**2023年度** 《第１回》

一 漢字　　二 漢字
三 小説　　四 随筆

**課題文**

三 志水辰夫『旅立ち』
四 山田洋次『映画をつくる』

**2022年度** 《第１回》

一 漢字　　二 漢字
三 小説　　四 論説文

**課題文**

三 小川　糸『僕の太陽』
四 橋爪大三郎『人間にとって教養とはなにか』

## 解答形式

| 2024年度 | 記　述／マーク／併　用 |
|---|---|

## 出題傾向

設問は，漢字の問題に10問，現代文の読解問題にそれぞれ12問程度付されている。設問の内容は，内容理解に関するものが7割程度を占めている。40〜70字程度の記述の解答を求める設問も出題されている。課題文については，比較的新しい作品からの出題が目立つ。読みやすいものが選ばれているが，分量は，やや多めである。

## 今後への対策

読解問題については，設問数も多いので，文章を速く正確に読む力が必要である。こうした力を養うには，基礎学力養成用の問題集をできるだけ数多くこなすのがよい。また，日頃からの読書も効果的である。国語の知識については，漢字などの語句関連を中心に，参考書などを使って知識を整理し，問題集で確認しておくこと。

### ◆◆◆◆◆ 国語出題分野一覧表 ◆◆◆◆◆

| 分野 | | 年度 | 2022 第１回 | 2023 第１回 | 2024 第１回 | 2025予想※ 第１回 |
|---|---|---|---|---|---|---|
| 現代文 | 論説文 説明文 | 主題・要旨 | | | ● | △ |
| | | 文脈・接続語・指示語・段落関係 | ● | | ● | ◎ |
| | | 文章内容 | ● | | ● | ◎ |
| | | 表現 | ● | | | △ |
| | 随筆 日記 手紙 | 主題・要旨 | | | | |
| | | 文脈・接続語・指示語・段落関係 | | ● | | △ |
| | | 文章内容 | | ● | | △ |
| | | 表現 | | | | |
| | | 心情 | | ● | | △ |
| | 小説 | 主題・要旨 | | | | |
| | | 文脈・接続語・指示語・段落関係 | | | | |
| | | 文章内容 | ● | ● | ● | ◎ |
| | | 表現 | ● | ● | ● | ◎ |
| | | 心情 | ● | ● | ● | ◎ |
| | | 状況・情景 | | | | |
| 韻文 | 詩 | 内容理解 | | | | |
| | | 形式・技法 | | | | |
| | 俳句 和歌 短歌 | 内容理解 | | | | |
| | | 技法 | | | | |
| 古典 | 古文 | 古語・内容理解・現代語訳 | | | | |
| | | 古典の知識・古典文法 | | | | |
| | 漢文 | (漢詩を含む) | | | | |
| 国語の知識 | 漢字 語句 | 漢字 | ● | ● | ● | ◎ |
| | | 語句・四字熟語 | ● | | ● | ◎ |
| | | 慣用句・ことわざ・故事成語 | | ● | ● | ◎ |
| | | 熟語の構成・漢字の知識 | ● | | | △ |
| | 文法 | 品詞 | ● | | | △ |
| | | ことばの単位・文の組み立て | | | | |
| | | 敬語・表現技法 | | | ● | △ |
| | 文学史 | | | | | |
| 作文・文章の構成・資料 | | | | | | |
| その他 | | | | | | |

※予想欄　◎印：出題されると思われるもの。　△印：出題されるかもしれないもの。

合格を勝ち取るための

# 本書の使い方

本書に掲載されている過去問をご覧になって，「難しそう」と感じたかもしれません。でも，大丈夫。ほとんどの受験生が同じように感じるのです。高校入試の出題範囲は中学校の定期テストに比べて広いですし，残りの中学校生活で学ぶはずの，まだ習っていない内容からも出題されているかもしれません。

ですから，初めて本書に取り組む際には，点数を気にする必要はありません。点数は本番で取れればいいのです。

過去問で重要なのは「間違えること」です。自分の弱点を知るために，過去問に取り組むのです。当然，間違った問題をそのままにしておいては意味がありません。

本書には，長年にわたって高校受験に関わってきたベテランスタッフによる詳細な解説がついています。間違えた問題は重点的に解説を読み，何度も解きなおしてください。時にはもう一度，教科書で復習するのもよいでしょう。

別冊として，抜き取って使える解答用紙を収録しました。表示してあるように拡大コピーをとれば，実際の入試と同じ条件で，何度でも過去問に取り組むことができます。特に記述問題では解答欄の大きさがヒントになる場合があります。そうした，本番で使える受験テクニックの練習ができるのも，本書の強みです。

前のページにある「出題傾向と今後への対策」もよく読んで，本校の出題傾向に慣れておきましょう。

2025年度 高校受験用

日本学園高等学校　4年間スーパー過去問

をご購入の皆様へ

お詫び

本書、日本学園高等学校の入試問題につきまして、誠に申し訳ございませんが、以下の問題文は著作権上の問題により掲載することができません。よろしくお願い申し上げます。

記

2023年度　第1回　英語　IX　の問題文

以上

株式会社　声の教育社　編集部

# 2024年度 日本学園高等学校（第１回）

【英　語】（50分）〈満点：100点〉

## Ⅰ

各組の語で、下線部の発音が異なるものを１つ選び、記号で答えよ。

1. ア pool　イ football　ウ moon　エ noodle
2. ア theater　イ thirsty　ウ throw　エ themselves
3. ア tight　イ laugh　ウ thought　エ right
4. ア instead　イ leave　ウ meaning　エ peace

## Ⅱ

各組の語で、最も強く発音する位置が他と異なるものを１つ選び、記号で答えよ。

1. ア as-tro-naut　イ at-ten-tion　ウ ar-ti-cle　エ au-di-ence
2. ア beau-ty　イ base-ball　ウ bath-room　エ be-cause
3. ア cal-en-dar　イ cap-i-tal　ウ care-ful-ly　エ com-put-er

## Ⅲ

C と D の関係が A と B の関係と同じになるように、D の空欄に入る適切な語を答えよ。

| | A | B | C | D |
|---|---|---|---|---|
| 1 | ten | October | twelve | |
| 2 | photograph | photographer | art | |
| 3 | wife | husband | son | |
| 4 | fire | Tuesday | water | |

Ⅳ　（　　）に入る最も適切なものを１つ選び、記号で答えよ。

1. Tom runs the (　　　) of us all.

ア　fast　　イ　faster

ウ　fastest　　エ　more fast

2. I would like you (　　　) your idea.

ア　explain　　イ　explaining

ウ　to explain　　エ　to explaining

3. English and French (　　　) in Canada.

ア　is spoken　　イ　are spoken

ウ　are speaking　　エ　can speak

4. The book (　　　) yesterday is interesting.

ア　who I bought　　イ　who bought

ウ　which I bought　　エ　which bought

5. My sister has (　　　) for ten hours.

ア　been slept　　イ　sleep

ウ　sleeping　　エ　been sleeping

V　日本語の意味を表すように、(　　)内の語句を並べかえて英文を完成させよ。

1. 私たちは土曜日によく買い物に行く。

We ( go / on / Saturdays / often / shopping ).

2. 私にとって外国語を学ぶことは難しい。

It ( for / foreign / learn / difficult / me / is / to ) languages.

3. あなたはピアノを弾くことに興味がありますか。

Are ( interested / you / piano / playing / the / in ) ?

4. これはヒトミによって撮られた写真です。

This ( Hitomi / taken / is / a / by / picture ).

5. あなたは彼がいつここに来るか知っていますか。

Do ( will / come / when / you / he / know ) here ?

VI　あなたは外国人の友だちから以下の質問をされた。その質問についてあなたの答えを１文、その理由を２つ、それぞれ英語で答えよ。

"Which country do you want to visit, America or the U.K.? "

VII 博物館のホームページを読み、あとの問いに答えよ。

# Nichigaku Museum of Nature and Science

Our museum was built in 1885 and is one of the oldest museums in Japan. We have more than four million important things to show and over one million people visit us a year.

**Hours of Operation** 9:00 AM to 5:00 PM
Visitors can enter the museum until 30 minutes before closing time.
Hours are sometimes extended in busy periods and for special exhibitions.

**Admission**

| | | |
|---|---|---|
| Individuals | Adults and university students | ¥630 |
| | High-school students and younger | Free |
| Group visitors (For groups of 20 or more visitors) | Adults and university students | ¥510 |

■ Admission is free to persons aged 65 or over and disabled persons.
■ You can buy tickets only online. We don't sell any tickets in our buildings.

**Days Closed** Mondays and winter holidays (December 28 - January 1)
If Monday is a national holiday, the museum is open Monday and closed the following Tuesday.

**Transportation** ※We don't have any parking area for cars or bicycles.
◆ 5-minute-walk from Meidaimae Station on the Keio Line
◆ 15-minute-walk from Gotokuji Station on the Odakyu Line

**Request to Museum Visitors**
＊Pets (including insects) are not permitted in the Museum.
＊Eating and smoking are not allowed in the building.

1. 質問の答えとして最も適切なものを1つずつ選び、記号で答えよ。

a) How old is Nichigaku Museum of Nature and Science?

ア About 38 years old. イ About 100 years old.

ウ About 120 years old. エ Over 130 years old.

b) Where can you get the tickets?

ア At Meidaimae Station. イ At Gotokuji Station.

ウ At Nichigaku Museum. エ On the internet.

c) Whose ticket is the most expensive?

ア A high school student. イ An elementary school student.

ウ A 30-year-old teacher. エ A 70-year-old man.

2. 次の英文のうちホームページの内容に合うものを2つ選び、記号で答えよ。

ア If you are hungry, you can have lunch inside the museum.

イ The museum is not far from the station so you can walk to the museum.

ウ The museum is very new, so not many people have visited it so far.

エ The opening hours are always the same through the year.

オ You may be able to enter the museum on Monday.

VIII　ファストフードに関する英文を読み、以下の問いに答えよ。

In our modern world, we do not always have time to prepare healthy food. Instead, we have to eat anything that you can get in the school lunchroom, at a convenience store, or in a fast food restaurant.【 1 】, when you eat fast food, we don't have to eat unhealthy food. Here are some helpful tips to keep in mind the next time you ア( try ) to make a healthy choice in a fast food restaurant.

First, choose foods that are prepared in healthy ways, for example, foods that are cooked with little or no oil. Fried foods are the イ( bad ). Avoiding fried side dishes, such as French fries, is a good idea. Ask for a salad to go along with your grilled chicken sandwich instead of ウ( order ) a side of French fries. Also, requesting a sandwich without cheese will significantly cut down on the calories of the meal. Are you エ( worry ) about missing out on calcium in your diet because you avoided the cheese? ①A glass of milk with your sandwich ( you / the calcium / need / give / you / can ).

Not only what you eat, but how you eat can also affect how healthy a meal is.【 2 】, people tend to eat too many calories when they eat out in restaurants because they order the largest sizes of meals, sides, or drinks. Even in healthy restaurants, the meal portions are typically more than a person should eat at once.【 3 】, it's a good idea ②to order small sizes when eating by yourself, or if you are eating out with friends or family, order one plate to share!

One more idea that can help you cut down calories is ordering food to go. Researchers オ( find ) that people tend to eat smaller portions when they eat at home. So, the next time you decide to have fast food for dinner, order your meal to go and take it home. When you eat that fast food meal at home at your own table, there is a higher chance that you will save part of your meal to eat later for another meal. You will be saving calories as well as saving ( ③ )!

1. ア～オの(　　)内の語を指示に従い適切な形に直せ。ただし、1語とは限らない。

ア：現在進行形　イ：最上級　ウ：動名詞　エ：過去分詞　オ：現在完了形

2. 空所【 1 】～【 3 】に入る語句を選び、記号で答えよ。

ア　However　　イ　In general　　ウ　Therefore

3. 下線部①を「サンドイッチと一緒に牛乳を飲めば、必要なカルシウムを摂取することができます。」という意味になるように、(　　)内の語を並べかえよ。

4. 下線部②と同じ用法の不定詞をア～エから1つ選び、記号で答えよ。

ア　I want to be a chef.

イ　I have many things to do.

ウ　I am so sad to hear the news.

エ　I greet customers to welcome them.

5. 空所③に入る名詞を文の流れをふまえて英語1語で答えよ。

6. 次の英文のうち本文の内容に合うものを2つ選び、記号で答えよ。

ア　All foods at convenience stores are very bad for our health.

イ　Foods that are cooked with no oil are healthy.

ウ　If you want to cut down on the calories, a sandwich without cheese is a good choice.

エ　How we eat is not important when we think about our health.

オ　If you take your food home, you must eat all of it as soon as possible.

7. 英文の内容をまとめたスライドの空所に入る日本語を答えよ。

◆ファストフードを食べるときの注意◆

①(　ア　)を頼まないようにする。チーズを抜く。

②　1人の時：(　イ　)サイズを頼む。 誰かと一緒の時：1皿をシェアする。

③　(　ウ　)で食べる。→ 節約につながる。

IX　コーヒーと紅茶に関する記事を読み、以下の問いに答えよ。

Tea drinking started in China and India over 4,000 years ago, around 2700 BC. Tea is made from a leaf. These days, some people drink tea for health, using it to help with sleep, stress, or losing weight. However, most people in tea-drinking countries see tea as more than just a healthy drink. 【 1 】, tea drinking in countries such as Japan is a part of the culture. In Turkey, tea is always necessary when people meet. Whether in someone's home or a business, tea is always offered as a way of welcoming. In the UK, homes and offices usually have tea time. This is a time when tea and other dishes are served in the afternoon. It is a way of relaxing with friends or co-workers.

Coffee came much later than tea, at just over 1,000 years ago. Coffee is made from beans. Something in the coffee beans makes a person feel more energy. Most people do not drink coffee to relax. 【 2 】, they drink coffee to get going. ①Many people drink coffee in the morning to wake them up. Others will also drink coffee during short breaks in the afternoon to keep going through the work day. Some people may visit coffee shops just to meet and talk with friends. 【 3 】, many people at the coffee shop drink coffee while working on their computers.

1. 空所【 1 】～【 3 】に入る語句を選び、記号で答えよ。

ア　In fact　　イ　Instead　　ウ　However

2. 質問の答えとして最も適切なものを1つずつ選び、記号で答えよ。

a）How many countries are there in this article？

ア　three　　イ　four　　ウ　five

b）Which has a longer history, coffee or tea？

ア　coffee　　イ　tea　　ウ　We don't know

c）What is the main reason for drinking coffee？

ア　to relax　　イ　to be healthy　　ウ　to get some energy

3. 下線部①を日本語に直せ。

【数　学】（50分）〈満点：100点〉

**1**　次の各問いに答えよ。

(1)　$12 \div \left(-\frac{3}{4}\right) - (-2^2)$ を計算せよ。

(2)　$\frac{2a-3b}{3} - \frac{2a-b}{4}$ を計算せよ。

(3)　$\frac{\sqrt{6}-\sqrt{3}}{\sqrt{12}} + (\sqrt{6}+2)(\sqrt{6}-2)$ を計算せよ。

(4)　連立方程式 $\begin{cases} 3x = -\frac{1}{3}(y+5) \\ 5x + 2y = 2(x-y) + 13 \end{cases}$ を解け。

(5)　$9x^3y - 12x^2y^2 + 4xy^3$ を因数分解せよ。

(6)　2次方程式 $(x-3)(x-2) = 2(x-1)^2$ を解け。

## 2　次の各問いに答えよ。

(1)　等式 $a=\frac{2(b-3c)}{3}$ を $c$ について解け。

(2)　$m<3\sqrt{11}<m+1$ を満たす整数 $m$ の値を求めよ。

(3)　方程式 $x^2-5x+6a=0$ の１つの解が $x=8$ で、他の解が $2x^2+(b-1)x+4b=0$ の解であるとき、$b$ の値を求めよ。

(4)　7％の食塩水 200 g に水 120 g と食塩を加えたところ、10％の食塩水ができた。加えた食塩は何 g か。

(5)　2 直線 $y=-3x+1$，$y=2ax-(a+4)$ が $x$ 軸上で交わるとき、$a$ の値を求めよ。

(6)　図のように、2 点 E，F はそれぞれ平行四辺形 ABCD の辺 BC，CD 上にあり、点 G は AE，BF の交点である。BE：EC＝1：2，DF：FC＝1：3 であるとき、三角形 BEG の面積は平行四辺形 ABCD の面積の何倍であるか求めよ。

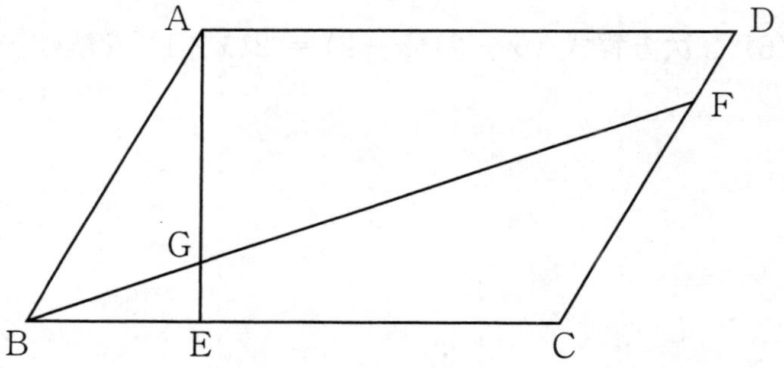


(7)　高さが 5 cm、底面の円周の長さが $8\pi$ cm である円柱の体積を求めよ。

**3** 太郎君は父とホームセンターに車で買い物に行った。買った品物を車に載せたところ太郎君が乗るスペースがなくなったため、父は車で、太郎君は徒歩でそれぞれ家に帰ることにし、2 人はホームセンターを同時に出発した。父は家に着いてから 10 分かけて荷物を降ろし、その後すぐに引き返して歩いていた太郎君を車に乗せて家に帰った。2 人が家に着いたとき、父が 1 人で家に到着したときから 26 分経過していた。太郎君の歩く速さは時速 4 km、車の速さは分速 500 m であるとき、次の各問いに答えよ。

(1) 車の速さは時速何 km か。

(2) 太郎君が車に乗せてもらった地点は、家から何 km 離れているか。

(3) 太郎君が歩いた距離を $x$ km として方程式をつくれ。

(4) 太郎君と父の距離が最も開いたときの 2 人の間の距離を求めよ。

**4** 図のように、放物線 $y=x^2$ は、直線 $l$ と 2 点 A$(-2, 4)$, B$(3, 9)$ で交わり、直線 $m$ と 2 点 O, C で交わっている。直線 $l$ と直線 $m$ が平行であるとき、次の各問いに答えよ。

(1) 直線 $l$ の式を求めよ。

(2) △OCB の面積を求めよ。

(3) 放物線上に点 P をとるとき、△OAP の面積が△OCB の面積の 2 倍となるような点 P の $x$ 座標をすべて求めよ。

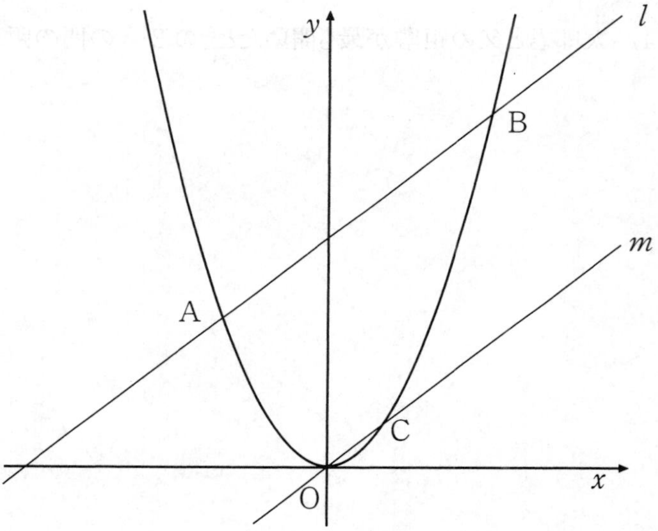

**5** 図のように、半径が 2 の 2 つの円 $O_1$, $O_2$ が互いに他方の円の中心を通り、2 点 A, B で交わっている。
動点 P は点 A を出発し、円 $O_2$ の点 $O_1$ を含まない側の弧 AB 上を点 B まで動き、さらに、円 $O_1$ の点 $O_2$ を含まない側の弧 AB 上を動いて点 A に戻る。このとき、次の各問いに答えよ。

(1) $\angle AO_1O_2$ の大きさを求めよ。

(2) $\triangle AO_1P$ が直角三角形となるときの AP の長さをすべて求めよ。

(3) $\triangle AO_1P$ の面積が最大となるとき、$\triangle AO_1P$ の面積を求めよ。

(4) $\triangle AO_1P$ の面積が $\triangle AO_1O_2$ の面積と等しくなるような点 P の位置は何通りあるか。

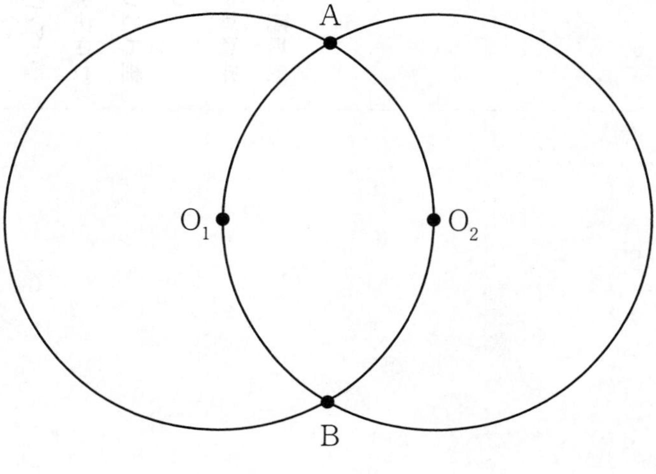

問十二　この文章の説明として最も適切なものを次の中から選び、記号で答えよ。

ア　駅伝という共通の目標があるにもかかわらず、自分の気持ちを言葉にできずにすれ違っていく中学生たちが、素朴《そぼく》で温かみのある先生の支えによって、一つにまとまっていく様子を描いている。

イ　チームの危機という問題に直面しながらも、それぞれが駅伝に懸ける思いを互いに信じ合い、気持ちを通じ合わせる様子を、会話文を多く取り入れて場面を展開しながら軽快に描いている。

ウ　真っ直ぐで楽天家の主人公を取り巻く様々な問題が解決されていく過程を、個性的な登場人物の人柄や人間関係について細かく描写することで読者に親近感を持たせて描いている。

エ　小さなもめ事がチームの大きな溝《みぞ》に発展し、互いを無意味に傷つけ合ってしまうという深刻なテーマを、季節感や臨場感が伝わる美しい描写によって、さわやかに描いている。

問八　傍線部⑥「俺は渡部を見送ると、また学校まで走って戻った」とあるが、ジローはどのような気持ちから、このような行動をとったのか。その説明として最も適切なものを次の中から選び、記号で答えよ。

ア　ずっと天敵だった渡部が自分の気持ちを理解してくれたことを嬉しく思い、その喜びをはやく誰かに話したいという気持ち。

イ　自分の正当性へのこだわりや心のつかえがなくなり、全員で明日の本番を走りたいという気持ち。

ウ　プライドが高い性格ゆえに、大田を見下した態度を取った自分を心から恥じ、素直に謝りたいという気持ち。

エ　もう自分だけでは手に負えない状況になったので、顧問の上原と大田を説得しに家まで行こうと意気込む気持ち。

問九　文章中の空欄Ⅰ～Ⅳに入るものとして適切なものを次の中からそれぞれ選び、記号で答えよ。

ア　そんなこと、ジローが考えることじゃないよ

イ　そっか、じゃあ、行こうかな

ウ　これはさ、私に任せておいて

エ　そんなの、担任の先生が行くんじゃないの

問十　傍線部⑦「大田が自分で築き上げてきた鎧《よろい》をどんな思いで外していたかを」とあるが、ここに使われている表現技法は何か。最も適切なものを次の中から選び、記号で答えよ。

ア　直喩　　イ　隠喩　　ウ　擬人法　　エ　体言止め

問十一　傍線部⑧「俺はかぶっていた帽子を取って、大田と同じようにきれいに剃《そ》った頭を見せた」とあるが、この場面についての説明として最も適切なものを次の中から選び、記号で答えよ。

ア　自分の正直な気持ちを上手く言葉で表現することのできない不器用な大田と、並大抵《なみたいてい》でない情熱を駅伝にかたむけてきたジローの気持ちがようやく通じ合い、互いに剃った頭を見せて確かめ合う場面。

イ　つまらない意地を捨て、迷いやわだかまりを吹っ切ってやって来た大田と、人に利用されてばかりの自分から抜け出したいジローが、互《たが》いに頭を剃ることでその決意の大きさを表わしている場面。

ウ　プライドの高い大田が、意地や過去を吹っ切ってやって来たことに応えるかのようにジローも剃った頭を見せ、言葉少なではあるが、二人の思いが重なり合っていく場面。

エ　自分の殻を破り、間違いを認めて素直になろうとしている大田と、自分も一方的に大田を責めたことを後悔しているジローの気持ちが、剃った頭を見せることで伝わり合う場面。

問二　空欄Ａ～Ｄに入る語として最も適切なものを次の中からそれぞれ選び、記号で答えよ。

ア　きっぱりと　　イ　陽気に

ウ　ぼそりと　　エ　おずおずと

問三　傍線部②「上原は空気を変えようとぱちぱち手をたたきながら」とあるが、どのような「空気」を変えようとしたのか。それが具体的に表されている一文を探し、最初と最後の三字を抜き出して答えよ（句読点・記号は含まない）。

問四　傍線部③「大きな不安」とあるが、具体的にどのようなことか。三十字以内で述べよ。

問五　傍線部ａ・ｂの意味として最も適切なものを次の中からそれぞれ選び、記号で答えよ。

ａ「目の敵《かたき》」

ア　全く関心がないこと

イ　憎んで敵視すること

ウ　他からも嫌われるように仕向けること

エ　恨みを持って復讐《ふくしゅう》すること

ｂ「怪訝《けげん》な」

ア　不愉快な　　イ　疑わしげな

ウ　不思議な　　エ　まじめな

問六　傍線部④「ジローいつでもなんでも引き受けるだろう」とあるが、これと同じ内容をジロー自身が表現している部分がある。ここより前の文章中から十字以内で探し、抜き出して答えよ。

問七　傍線部⑤「どっちにしても、ジローは正しい」に込められている渡部の気持ちとして最も適切なものを次の中から選び、記号で答えよ。

ア　たとえ明日大田が来ても来なくても、日頃から態度が大きく自分勝手な大田に対し、自分の気持ちまで代弁してくれた勇気ある行動をとったジローは尊敬すべき人間だと賞賛している。

イ　たとえ明日大田が来ても来なくても、皆がジローを責めるだろうということは予想がつくので、自分はどんなことがあっても味方でいようと固く決意している。

ウ　たとえ明日大田が来ても来なくても、今まで周りに利用されてきたジローが全校生徒や先生の前で自己主張ができたことは、ジローにとっていい成長の機会になったと満足している。

エ　たとえ明日大田が来ても来なくても、ジローが真正面から立ち向かったことは、駅伝に出場したいがために大田の機嫌をとって場をおさめることよりも大切な行動だったと確信している。

「そっか。やっぱりだめか」

俺が次の手を考えようとすると、上原は「　Ⅲ　」とさえぎった。

「え？」

「　Ⅳ　」

「先生に？　って大丈夫かよ」

「うん。珍しく私の出る幕っていうか、やるべき仕事だって気がするから」

今までにもたくさんそういう場面があっただろうと思いながらも

「そうかな」と俺はうなずいた。

「明日なんだから、今日はジローも早く帰ってゆっくり寝《ね》てよ」

「ああ」

「これでジローが寝不足とかだと意味ないからね」

「わかってる」

「ジロー。ありがとう」

上原はにこりと笑うと、「心配しないで」と言った。

翌朝、集合時間の五分前に、大田はやって来た。

予想どおりだ。大田は、来るなら今まで自分を包んでいたものを捨てきって来る。それができないなら来られない。そのどちらかだと思っていた。大田は俺たちのほうを見ようともせず、ただまぶしそうに目を細めている。どんな顔をしていいのか、わからないのだ。

「おっす、大田」

⑧俺はかぶっていた帽子を取って、大田と同じようにきれいに剃《そ》った頭を見せた。

（瀬尾まいこ『あと少し、もう少し』より）

問一　傍線部①「俺は大田を正面から見据《す》えた」とあるが、この時のジローの心情として最も適切なものを次の中から選び、記号で答えよ。

ア　全校生徒に仲間割れをしている場面を見られてしまい、自分まで恥をかかされていることに耐えきれず、怒りを抑えられずにいる。

イ　これまで皆で一生懸命練習してきたのに、前日になってわがままを言う大田のふるまいが理解できず、怒りを感じている。

ウ　自分も走りたくない気持ちを抑えて、前向きになろうとしているのに、大田が自分勝手なことを言うので、情けなく感じている。

エ　大田は先生や生徒から怖がられているため、誰も抑えようとしなかったので、皆のために正義感から一肌《ひとはだ》脱ごうと思っている。

が首をかしげるのに、

⑤「どっちにしても、ジローは正しい」

渡部は［ D ］そう言った。

渡部に正しいと言ってもらえた。それで十分だった。俺のプライドなんていくらでも折り曲げられる。そもそもプライドなんて中学生には必要ないし、いくらでも曲げ伸ばしできてこそ、本当のプライドってものだ。

⑥俺は渡部を見送ると、また学校まで走って戻った。

「先生、ちょっと」

職員室の入り口で手招きして呼びよせると、

「あれ、ジローまだ帰ってなかったの?」

と、b怪訝《けげん》な顔をしながらも上原は来てくれた。

「まあな。それよりさ、今日、家庭訪問行くだろ?」

「え?どこに?」

「どこにって、大田の家」

「［ I ］」

上原の言葉に、俺はずっこけそうになった。

「いやいやいや、行くだろう。駅伝のことで、帰ったところあるじゃん」

「［ II ］」

「そう。当たり前だ」

「だけど、会いに行ったら、ますます大田君意地になりそうだしな」

「でも、行かないと絶対来ないって。あいつみんなに声かけられるの待ってるところあるだろ?」

「確かに。大田君かまってほしいオーラ出しまくってるもんね。よし、じゃあ、行くよ」

上原がはりきって言うのに、俺は「さりげなくね。さりげなく行くんだぜ」と念を押した。上原なら「待ってたでしょう? ちゃんと来たよ」ぐらいのこと言いかねない。

「でさ、ああ、何がいいかな。大田が来たくなるようなことしなくちゃな」

「来たくなること?」

「そう。大田の機嫌が直って、明日やろうって思えるようにさ」

みんなと同じように、俺だってわかってる。⑦大田が自分で築き上げてきた鎧《よろい》をどんな思いで外していたかを。居場所のなさに戸惑って、どんな顔したらいいのかわからないまま俺たちの輪に入っていたことも、照れくささやばつの悪さを押し殺しながら練習していたことも。そして、それ以上にこの駅伝をよりどころにしていたことを。だから、ちゃんと大田に走らせてやりたい。俺だって大田と一緒《いっしょ》に走りたい。

「そうだ。王将だ王将。ほら、なんかヤンキーってラーメン好きそうじゃん。王将連れてってラーメンごちそうしたら走るんじゃないかな。大田って単純だからおなかがいっぱいになったら機嫌よくなるよ」

「なんかすごい偏見《へんけん》だけど」

うにか１０００を一本走った。③大きな不安があるのに、全員でそれに気づかないふりをして明日の最終確認をすると、みんな何も言わず静かに解散した。

校門を出たところで、俺は渡部に声をかけた。

「なんか、ありがとな」

「何が？」

「かばってくれたじゃん」

「どうでもいいことだ」

渡部はかばんを担ぎなおすと、足を進めた。

「渡部が俺の味方みたいな発言するなんて、驚いたけどな」

「そうか？」

「そうかって。お前俺をa目の敵《かたき》にしてるだろ？」

こいつ、とぼけてるんだろうか。俺は渡部の今までの俺に対するひどい言動をあげた。

「そういや、そうだな」

「いつもなんでここまで言われなきゃいけないんだって思ってたんだぜ」

「俺さ、ジロー見てるといらいらするんだ」

渡部は躊躇《ちゅうちょ》なく言った。なんてストレートな告白なんだ。嫌われてるのは百も承知だけど、はっきり言い過ぎだ。

「俺、何か気に障ることしたっけ？」

俺は［　C　］尋ねた。

「いや、そうじゃないけど。なんていうかさ、④ジローいつでもなんでも引き受けるだろう」

「まあ、それが俺の癖だからな」

「人数合わせに厄介な仕事。そういうのに、ジローが便利に使われるたび、いらいらしてた」

だったら、渡部はほぼ毎日いらついていたにちがいない。意外なことで人をいらだたせるものだ。

「俺お調子もんだからな」

俺は頭をかいた。

「まあな。だけど、それをいいことに周りのやつらはなんでもジローにばかりやらせてさ。ジロー、人の何倍も面倒なことして、損してるって、頭に来てた」

「なんだそれ？　心配してくれてるってことか？」

俺が訊くと、渡部はため息をついた。

「でも、お前、全然損なんかしてないんだよな」

「ああ、まあ」

「大丈夫だよ、ジロー」

渡部は足を止めた。

「何がだ？」

「明日、大田が来ても来なくてもさ」

「来ても来なくても？」

大田が来なけりゃ駅伝は成立しない。どこがどう大丈夫なんだと俺ちょっと待て。俺のせいなのか。俺のせいで大田が出て行ったのか？

「せっかく大田ここまでがんばったのにな」

心配そうによってきた小野田も、口をはさんだ。

「ジローの言うとおりだと思うけど、今大事なことは、大会に出ることだろう？大田にへそを曲げられたらどうしようもない」

桝井も苦々しい顔をした。桝井にまでそんなことを言われるなんて、俺はくらくらした。あの大田ががんばって走ろうとしているのにちょっとぐれたぐらいで責めることはないだろう。どうして大田のがんばりをつぶすんだ。それがみんなの意見なのだ。

授業をふけて、乱暴して、規則なんて守ろうともしない。そんなことがおおっぴらに通って、そういうやつらが少しまじめにやれば褒《ほ》められる。それが中学校ルール。なんでもＯＫな俺は黙ってやることをやればいい。そういうことか。さすがの俺も投げ出したくなった。思わず乱暴な言葉が口から出そうになった。その時だ。

「お前ら馬鹿《ばか》じゃね？」

冷ややかな渡部の声が響いた。

「本当馬鹿すぎて吐き気がする。ジローが１００パーセント正しいだろ？なんでそれに意見するわけ？ここどこだよ。中学校だろ？強いやつの機嫌《きげん》とることが大事なのかよ」

渡部が苛立《いらだ》ちながら言うのに、みんな黙ったままだった。誰も視線を合わせることもしない。息苦しくて、体育館の中は窒息しそうだ。

「そうだね。そうだよ、渡部君の言うとおり。それよりさ、練習しようよ。ほら、今日は１０００を一本走って終わりなんだし。大会は明日だよ、明日」

②上原は空気を変えようとぱちぱち手をたたきながら、[B]言った。だけど、心が揺れまくっている俺らには、そんな言葉は表面を滑《すべ》っていくだけだった。

「今できることしよう。ここでうじうじしてても何もならないし」上原が景気よく言って、「そうだそうだ。ほら、いつまでも体育館にいるなよ。片付かないしなー」と小野田もおどけてみせた。けれど、重い空気は変わらなかった。

たぶん最悪の事態ってこういうのだ。どかんと穴に落ちてしまったのに、すぐそこに本番がやってきている。俺たちが解決できようができまいが、明日には大会がやってくる。その事実だけは変わらない。

「あ、あの、大田君は来るよ」

黙って立ち尽くしているみんなに、設楽《したら》が消えそうな声で言った。

「あいつにそんな責任感なんかねえよ」

渡部が設楽の言葉をはねのけた。残念ながらみんな同じように思ってるのだろう。誰も反論しなかった。

「そうじゃないよ。大田君、走るのは好きだから」

設楽は顔を上げて、俺らの目を見てそう言った。

桝井がなんとか取り戻そうとみんなに声をかけ、俊介がそれに合わせてテンションを上げ、上原がむやみやたらに励まして、俺たちはど

**四**　次の文章を読んで、あとの問いに答えよ。

ジロー（俺《おれ》）の通う中学校は、毎年学校対抗駅伝リレーに出場し、全国大会を目指していた。しかし今年、顧問が陸上未経験の美術教師上原に変わり、陸上部員だけではメンバーも足りないという危機だった。ジローはバスケ部を引退してから、最後の駅伝に懸けている部長の桝井《ますい》に勧誘されて走ることとなり、他にも、不良ではあるが走力のある大田や、吹奏楽部の渡部《わたべ》らも加わった。いよいよ本番を明日に控え、体育館で壮行会《そうこうかい》が行われている最中、急に大田が走りたくないと騒ぎ出した。

「どうでもいいけど、いい加減にしろよ」

気づいたら、俺はそう言っていた。

「は？」

「今さらやめたとか、ふざけたことぬかすなって」

「なんだ、お前？」

大田は俺のほうへ身体の向きを変えた。目が血走って赤くなっている。

だけど、不思議なことに、近づいてくる大田を怖いとは思わなかった。勝手なことを思いつくままに叫んでいるやつにしか見えなかった。

「お前、何か俺に文句あんのか？」

大田は当然のことを訊《き》いた。

「当たり前だ。大田がいい加減なことすると、俺らにも迷惑だ」

「てめえ、何様なんだ」

大田は俺の胸倉《むなぐら》を掴《つか》んだ。大きなケンカなどしたことない俺は、胸倉を掴まれたことなど一度もない。それなのに、痛くもかゆくもなかった。どうして今こんなこと言うんだ。明日にはみんなで走らなくてはいけないのだ。頭にあるのはそれだけだった。

「ここまできてぎゃあぎゃあ言うな。明日なんだぜ。腹くくってやれよ」

今になって駅伝に出ないなんて、ふざけている。そんなことになったらすべてが台無しだ。①俺は大田を正面から見据《す》えた。大田は目を細めて俺の表情をうかがっていたかと思うと、

「やってられねえ！」

と、吐き捨てて、体育館から走り去った。

間違ってはいないはずだ。当然のことを言っただけだ。けれど、大田が出て行った後、俺の前に冷えた空気があるのを感じずにはいられなかった。

壮行会が終わると、俺たち駅伝メンバーはそのまま体育館の隅に集まった。

「みんなの前であんなふうに言ったら、大田先輩も出ていくしかなかったよな」

俊介《しゅんすけ》が［　A　］言い、上原も「大田君変にプライド高いからね」

と言った。

問八　傍線部⑥「あらがう」の意味として最も適切なものを次の中から選び、記号で答えよ。

ア　適応　　イ　改善　　ウ　抵抗　　エ　葛藤《かっとう》

問九　次の一文が入る最も適切な場所を、文章中の【ア】～【エ】の中から選び、記号で答えよ。

> より定住的な後者の生活は、効率のよい狩猟に支えられていたといってよいだろう。

問十　空欄Ⅱについて、体の一部を表す漢字一字を入れて慣用句を完成させよ。

問十一　傍線部⑦「それは～ふさわしいものであった」とあるが、そのように言える理由として最も適切なものを次の中から選び、記号で答えよ。

ア　洞窟画を描くという行為は、食糧となる動物への感謝や敬意の念の表れであり、それは単なるスカベンジャーとして生活していた時代には見られない意識的な心の働きがあったといえるから。

イ　洞窟画を描くという行為は、自分たちを取り巻く環境を正確に認識していたことを意味し、それは後の世代へ何かを残し、伝えようとする積極的な意志を持つようになったことの表れでもあるから。

ウ　洞窟画を描くという行為は、現実にはないものを表現するすぐれた空想力をもっていたことを意味し、それは太古の画家と言っても過言ではないほど芸術的な行為だったから。

エ　洞窟画を描くという行為は、自然の持つ力をおそれ、神に祈りを捧げる心の発達を意味し、それは受動的に環境になじんで生活をしてきたことからの脱却の第一歩であると言えるから。

問十二　本文の内容に合っているものとして最も適切なものを次の中から選び、記号で答えよ。

ア　ネアンデルタール人の環境に対する戦略は、季節ごとに適当な場所へ餌を探索しにいくという積極的で意識的なものであった。

イ　直立歩行による道具と言語の使用、そして芸術性の獲得という進化の過程が、現在の人類の宗教や科学を生み出した。

ウ　ホモ・サピエンスは、環境に対し調和するだけでなく、必要な形に変えようという意志をもって行動した最初の人種である。

エ　狩猟を生きる手段とするには、機能的な武器によって、大型動物をも服従させようとする攻撃性が不可欠である。

問四　傍線部②「ヒトの環境に対する戦略の原型は、無意識的な、あるいは消極的な共生型の戦略であったのである」とはどういうことか。その説明として最も適切なものを次の中から選び、記号で答えよ。

ア　かつてヒトは、花の香りにつられて果実を見つけ、それを食糧とすることによって、知らず知らずのうちに植物の生息域を広げる役割を担っていたということ。

イ　かつてヒトは、厳しい環境の中で十分な食糧の確保のため、果実を食べたあとの種子を広範囲にまき、その実りから恩恵を受けることによって、季節を問わず安定して食糧を得ていたということ。

ウ　かつてヒトは、リスなどの小動物が食糧を貯蔵するのにならい生活することによって、肉食獣と接触することなく安全に暮らすことが可能であったということ。

エ　かつてヒトは、花をいとおしむ感性によって果実を発見し、必然的に行動範囲が限定され、すすんで別の食糧を得る手段を考えだそうとしなかったということ。

問五　傍線部③「ネアンデルタール人にとっても～と考えられている」とあるが、それはなぜか。その説明として適切なものを次の中から**二つ**選び、記号で答えよ。

ア　ネアンデルタール人は、石器を作製することには長けていたが、その道具は、主に獲物を狙い殺すためのものではなかったから。

イ　ネアンデルタール人は、言語を用いて意思の疎通をはかることはなく、チンパンジー同様、見かけ上の狩りに過ぎなかったから。

ウ　ネアンデルタール人は、気候変動の激しい時代に生き、その時代に狩猟可能な動物がいたとは考えられないから。

エ　ネアンデルタール人は、個人の身体能力が低く、生きた動物を狩る際に伴う危険に柔軟に対応できなかったから。

オ　ネアンデルタール人は、集団を作って暮らすことはなかったので、互いに協力して計画的に食糧を得るという発想がなかったから。

カ　ネアンデルタール人は、危険をおかしてでも生きた動物を殺し、食糧にしようとする精神的な強さを持ち合わせていなかったから。

問六　傍線部④「その姿」とあるが、どのような姿だったのか。ここよりあとの文章中から十字以内で探し、抜き出して答えよ。

問七　傍線部⑤「埋葬にあたっての副葬品がまったく見いだされていないこと」とあるが、このことは何を意味するか。文章中の言葉を用いて、四十五字以内で答えよ。

境に対して積極的に働きかけ、環境を改変していく対環境戦略を可能としたともいえるだろう。こうしてヒトは単なる野生生物であることをやめ、環境を積極的に変える生物へと一歩を踏みだした。言語およびそれと分かちがたく結びついた抽象的思考、そして攻撃性を含む積極性は、複雑な社会の形成をもたらしただけでなく、芸術、宗教、科学の発展を導いた。その基調をなしたのはその場所、その時代の対環境戦略であったのである。

（鷲谷いづみ『自然再生』より）

（注）

※1　メルクマール…目印。

※2　媒介…双方の間をとりもつこと。

※3　腐食動物…生き物の死体を食物とする動物のこと。

※4　寄与する…役立つこと。

※5　示唆《しさ》…ほのめかすこと。

※6　季節循環的な空間利用…季節ごとに生活場所を移動すること。

※7　サテライト…衛星。ここでは、本体を離れて存在することの比喩。

※8　精緻《せいち》…非常に細かいところまで注意が行き届いていること。

---

問一　空欄A～Dに入る語として最も適切なものを次の中からそれぞれ選び、記号で答えよ。

ア　もちろん　　イ　ところで　　ウ　しかし
エ　また　　オ　たとえば　　カ　やはり

問二　傍線部①「このような推測」の内容として最も適切なものを次の中から選び、記号で答えよ。

ア　ホモ・ハビリスという原人が、おそらくヒト属で最初に主な生活場所を森から広範囲に拡大したという推測。

イ　ホモ・ハビリスという原人が、おそらくヒト属で最初に他の動物に対し、狩猟と呼べる行為をしたという推測。

ウ　ホモ・ハビリスという原人が、おそらくヒト属で最初に明晰《めいせき》な頭脳を持ち、食糧を安全な場所で食べたという推測。

エ　ホモ・ハビリスという原人が、おそらくヒト属で最初に石片の使用によって、食糧にできるものの幅を広げたという推測。

問三　空欄Ⅰに入る適切な熟語を、これ以降の文章中から探し、抜き出して答えよ。

な空間利用をし、ホモ・サピエンスはホームベースから季節に応じてサテライト※7へ出ていくような空間利用が主であったともいう。【ウ】

ホモ・サピエンス、すなわちクロマニョン人がヨーロッパに現れたのは四万年前、ネアンデルタール人がそこで滅びたのは二万七〇〇〇年前である。資源利用に長《た》けていたホモ・サピエンスが競争でネアンデルタール人を圧したのか、実際に[Ⅱ]を下して、その血筋を絶えさせたのかは別として、ホモ・サピエンスがネアンデルタール人の絶滅をもたらした主要な環境要因であったことは間違いないと推測されている。ちなみに、両者の生物学的なちがいのため、ネアンデルタール人とホモ・サピエンスとの間で交雑が起こった可能性はないとされている。【エ】

ネアンデルタール人絶滅の主犯とも考えられているそのクロマニョン人は、まさに狩りを主な業とする人々であった。狩りのための効率のよい道具を作製する能力、集団行動を可能とする言語、そしてそれらと強く関連する先を読むことを可能にする抽象的思考力を進化させた彼らは、現世人類であり私たち自身の姿でもある。

クロマニョン人は、最終氷河期にヨーロッパに現れ、その活動の足跡は四万年前から一万年前にかけて広い地域に認められる。当時のヨーロッパは北のほうは氷河におおわれていた。それより南の多くの地域は、草原におおわれ、樹木は少なく多くの大型哺乳動物が生活していた。彼らが多様な動物を食糧として消費していたことは遺跡に残る骨からも明らかだが、彼らの残した洞窟画《どうくつが》もまた、その環境が大型動物に満ちたものであったことを表している。

洞窟画は豊かな神話や思想に彩られた彼らの精神世界の発現であり、⑦<u>それは「創造性の爆発」と呼ぶにふさわしいものであった。</u>洞窟画は、すでに絶滅し、その骨格しか残されていない過去の哺乳類の姿形と行動を正確に今に伝えるものでもある。洞窟画からは、絶滅したツノサイが下垂した毛皮をもっていたこと、やはり絶滅したオオツノシカが肩に黒っぽいこぶをもっていたことなどがわかる。太古の画家たちの絵筆による描写が非常に正確なものであったことは、氷漬けで見つかったマンモスがまさにそれらの絵の通りの姿形であったことからも証明される。

大型哺乳動物を狩ってその豊富な肉を食糧としていたクロマニョン人は、それらの姿と生態をつぶさに観察して、絵画として写しとった。それは、きわめて積極的で意識的な心の働きがあってはじめて可能であった。生物と環境との関係において、そこに新たな関係が生まれたと見ることができるだろう。それは、受動的に環境になじんで暮らす生活とはまったく異なる積極的な環境への対応であり、征服型の対環境戦略ともいうべきものである。

まず、環境に対する精緻《せいち》※8な認識の力をもったこと、加えてその認識を個体のレベルにとどめず、言語を、そして絵画を用いて、集団全体の認識とする力を発達させたこと。それによって、集団での心と力をあわせての行動が可能となった。さらに、世代を超えて経験を伝達し、認識や思考を蓄積することができるようになった。これらが、環り、狩猟行為の前段階であると見ることもできる。同じ肉を食べるにしても、死体を見つけてそれを貪《むさぼ》るのと、生きた動物を殺して餌にするのとでは、行動上、心理上の大きな差異があるはずだ。生きた動物を狩ることへのためらいや、危険回避※4に寄与する「恐れ」に打ち勝つには、「征服欲」とでもいった積極的な心の働きがなければならないだろう。

　道具の使用という意味では相当高度な文化をもっていたともいえる③ネアンデルタール人にとっても、狩りという行為は困難で、日常的に行いうるものではなかったと考えられている。旧人と呼ばれる彼らは、二〇万年ほど前に現れ、二万七〇〇〇年ほど前にこの地球上から姿を消したが、ヨーロッパから西アジアにかけて多くの生活の痕跡《こんせき》を残しており、絶滅人類のなかではもっともよく④その姿や暮らしぶりが明らかにされている人々である。

　ネアンデルタール人は、その頭蓋骨《ずがいこつ》の構造から見て、言葉を発することはなかったと推測されている。[ D ]、彼らの抽象的な思考の能力を示唆《しさ》※5する証拠が乏しいことからも、言語をもつことはなかったと推測されている。ネアンデルタール人が何らかの宗教的な意図をもって死者を葬《ほうむ》ったという逸話は、今では科学的な見地から否定されている。埋葬《まいそう》のような行為は実際にあったかもしれないが、それは死体にハイエナなどを寄せつけないためという現実的な問題への対処だったらしい。⑤埋葬にあたっての副葬品がまったく見いだされていないことが、そのような解釈の根拠である。

　ネアンデルタール人の生きた時代は、氷河期、間氷期が交代し、気候変動の激しい時代であった。たくましい体躯《たいく》の彼らは、寒冷な気候にもよく耐えた。厳しい環境のもとでの生活は、今に残された彼らの骨からうかがい知ることができる。四〇歳以上まで生きられたのはごくわずかであり、骨にはさまざまな外傷や栄養不良状態のあとが認められる。環境の厳しさに⑥あらがうことなく、じっと耐えるというのが彼らの環境に対する戦略だったのかもしれない。【ア】

　ネアンデルタール人は、剥片《はくへん》や石刃《せきじん》などを剥《は》ぎ取ったあとの石核《せきかく》から石器をつくりだす画期的な技法を用いたが、石以外の材料をあまり利用せず、槍《やり》をつくることはなかったらしい。狩りが不得意だったのは、獲物と接近して戦う術しかもたなかったからかもしれない。殺生を常とする積極性も技術ももたなかった彼らは、それ以前の古い人類同様、肉を食べるとしてもそれはスカベンジャーとしての死肉利用が主だったらしい。また遺跡の様子から、大部分の栄養を植物の採集にたよっていたのではないかとも考えられている。【イ】

　ネアンデルタール人のキャンプの跡は、彼らが小さな単純な集団をつくって暮らしていたことを推測させる。植物性の餌や貝類などを利用するにしても、探しまわって餌を調達する、あまり効率のよくない探索型餌集めであり、ホモ・サピエンスが積極的、意識的に餌を採集したのとは対照的であったようだ。そのような比較は、同じ場所に一〇万年前から五万年前まで両者が共存していたイスラエルのレヴァントで研究された。それによれば、ネアンデルタール人は季節循環的※6

とが手がかりになる。[ B ]、ライオンが食べた後には骨の一五パーセントに歯跡、それをハイエナが利用すると骨の八〇パーセントに歯跡がつくという事実を前提に、ヒトが利用した草食獣の骨の歯跡の量から、ヒトがどの段階の死肉を利用したかを推測するのである。

（中略）

ヒトは他の多くのサルと同様、果物が好物である。瑞々《みずみず》しく甘みのある果物は、植物がヒトと[ Ⅰ ]関係をしっかりと結ぶために捧げてくれる贈り物といえなくもない。ヒトは果実を食べるときに種子をはき出したり、細かい種子であればいったん消化管に入ったものを糞《ふん》とともに排出することで果実をつくる野生動物の種子分散を助けた。ヒトはナッツも好物だが、冬の食糧として集めて貯められたナッツのうち、いくつかは食べられないまま芽吹くこともあったろう。リスやネズミと同じように貯食分散者、すなわちドングリなどのナッツを貯蔵することによって植物の生息域を広げる者としての役割も果たしたにちがいない。

ヒトは花を愛《め》でる。花は、花粉を媒介する動物[※2]（ポリネータ）にアピールするための徴《しるし》を、その色彩、形、香りなどに潜《ひそ》ませているが、それはヒトにとっても有効なシンボルとしてアピールする。果実の前触れともいえる花に対して、ヒトにはそれを好ましいと感じる感性が宿ったのかもしれない。香りのよい花のある場所は、食糧を得やすい場所であることが、無意識にそこを好ましいと感じる心をヒトのなかに進化させたのだろう。

いずれにしても、花とそれが終わった後にできる実は、植物と動物の共生の徴である。ヒトには「共生」を求め、それを楽しむ心が備わっていると考えてもよいだろう。②ヒトの環境に対する戦略の原型は、無意識的な、あるいは消極的な共生型の戦略であったのである。

後に述べるように新人、ホモ・サピエンスが誕生し、狩猟が始まってからも、穀物を栽培し、家畜を育てるようになっても、ヒトの花好き、果物好きは変わらず、花や果実を供えたり、贈ったりする風習は絶えなかった。そして、病に苦しむ人に果実を届けることも。それは、消極的な共生型の対環境戦略が私たちの心を今でもとらえていることを意味しているのではないだろうか。

過去の人類の生活が少しずつ解き明かされると、人類の歴史において、集団での大がかりな狩りを行ったのは、新人、すなわち私たちと同じ種、ホモ・サピエンスだけだということが明らかにされていった。

チンパンジーもときに集団で狩りをする。[ C ]、それは必ずしも統制のとれた行動とはいえず、たまたま餌となる動物への一頭の攻撃が他の個体の行動を触発して、みかけ上の集団での狩りに発展するだけだという。

動物の肉は初期の人類にとっても重要な餌であったが、すでに述べたようにそれは死肉の利用であった。道具を使って哺乳動物の死体から肉を切りだして食糧にするこの行為は、生態的にはハイエナやハゲタカなどにも共通するスカベンジャー[※3]（腐食動物）としての行為であ

# 二〇二四年度 日本学園高等学校(第1回)

【国語】(五〇分)〈満点:一〇〇点〉

注意 字数制限のある問題は、記号や句読点も字数にふくみます。

## 一

次の傍線部の漢字の読みを答えよ。

① 立ち退きをせまる。
② 要旨をまとめる。
③ 柔和な表情。
④ 軒先で雨宿りをする。
⑤ 寄席へ行く。

## 二

次の傍線部のカタカナを漢字に直せ。

① 人工衛星がキドウに乗る。
② 一点をギョウシする。
③ ヨユウをもって受験する。
④ 大は小をカねる。
⑤ ウチョウテンになる。

## 三

次の文章を読んで、あとの問いに答えよ。

ヒトがどこでどのように誕生したかは、まだ多くの謎に包まれている。

現在のヒトの祖先あるいはそれに近縁な人類として、猿人、原人、旧人、新人などが知られている。道具の使用、直立歩行、言語などが、人類を他の類人猿と区別するメルクマール※1とされてきた。道具の使用については人類に限らないことが、多様な動物の道具使用の観察によって明らかにされてきたが、[ A ]、機能を意識してデザインされた道具の作製は、人類特有のものと考えてよいようだ。

直立歩行は、およそ四〇〇万年前のアフリカで生活したと考えられている猿人、アウストラロピテクスにすでに認められる。猿人の主な生活場所は森であり、ときにはサバンナにも出て食糧《しょくりょう》を探す生活をしていたものと考えられている。

ヒト属の最初の種は、ホモ・ハビリスという原人とされるが、猿人に比べると大きな脳をもち、体つきもややヒトに近づいた形態であった。また、意識的に道具をつくりはじめたことがうかがわれる。その道具とは石片《せきへん》であり、それで哺乳類《ほにゅうるい》の死体を解体し、肉をハイエナなどに狙《ねら》われない安全な場所に運んで食べたのではないかと推測されている。また、石器を使うことで骨を割って骨髄《こつずい》を食べることができるようになったことは画期的で、ハイエナなどが利用した後の死体を食糧として利用できるようになった。①このような推測には、捕食動物が餌《えさ》を食べるときに骨に歯跡がどのくらい残るか、といったこ

## 英語解答

I　1　イ　2　エ　3　イ　4　ア

II　1　イ　2　エ　3　エ

III　1　December　2　artist
3　daughter　4　Wednesday

IV　1　ウ　2　ウ　3　イ　4　ウ
5　エ

V　1　often go shopping on Saturdays
2　is difficult for me to learn foreign
3　you interested in playing the piano
4　is a picture taken by Hitomi
5　you know when he will come

VI　答え　(例) I want to visit America.
理由①　(例) I want to see the Statue of Liberty.
理由②　(例) I want to ride trains in America.

VII　1　a)…エ　b)…エ　c)…ウ
2　イ，オ

VIII　1　ア　are trying　イ　worst
ウ　ordering　エ　worried
オ　have found
2　1…ア　2…イ　3…ウ
3　can give you the calcium you need
4　ア　5　money
6　イ，ウ
7　ア　油もの〔揚げ物〕
イ　小さい　ウ　家

IX　1　1…ア　2…イ　3…ウ
2　a)…ウ　b)…イ　c)…ウ
3　(例) 多くの人々が目を覚ますために朝コーヒーを飲む。

(声の教育社　編集部)

I〔単語の発音〕

1．ア．pool[uː]　イ．football[u]　ウ．moon[uː]　エ．noodle[uː]
2．ア．theater[θ]　イ．thirsty[θ]　ウ．throw[θ]　エ．themselves[ð]
3．ア．tight[黙字]　イ．laugh[f]　ウ．thought[黙字]　エ．right[黙字]
4．ア．instead[e]　イ．leave[iː]　ウ．meaning[iː]　エ．peace[iː]

II〔単語のアクセント〕

1．ア．ás-tro-naut　イ．at-tén-tion　ウ．ár-ti-cle　エ．áu-di-ence
2．ア．béau-ty　イ．báse-ball　ウ．báth-room　エ．be-cáuse
3．ア．cál-en-dar　イ．cáp-i-tal　ウ．cáre-ful-ly　エ．com-pút-er

III〔単語の関連知識〕

1．数字の ten「10」に 10 番目の月である October「10 月」が対応しているので，twelve「12」には 12 番目の月である December「12 月」が対応する。

2．photograph「写真」を撮るのを仕事にしているのが photographer「写真家」，art「芸術」を仕事にしているのが artist「芸術家」である。

3．wife「妻」と husband「夫」はそれぞれ女性と男性の関係になっているので，son「息子」に対応するのは daughter「娘」となる。

4．fire の日本語である「火」が，Tuesday の日本語である「火曜日」に含まれている。water の日本語である「水」を日本語に含む曜日は，Wednesday「水曜日」である。

IV〔適語(句)選択・語形変化〕

1．直前にtheがあることと，直後にof us all「私たち全員の中で」とあることから，最上級のfastestが当てはまるとわかる。　「トムは私たち全員の中で一番速く走る」

2．‘would like ～ to＋動詞の原形…’「～に…してほしい」　「私は君に考えを説明してほしい」

3．英語とフランス語は「話される」ものなので，‘be動詞＋過去分詞’の受け身形で表す。主語が複数なので，‘be動詞’にはareを用いる。　speak－spoke－spoken　「カナダでは英語とフランス語が話されている」

4．The bookという‘人以外のもの’が先行詞になっているので，関係代名詞にはwhoではなくwhichを用いる。「私が買った本」という意味になるのが自然なので，主語の「私が」を含んだwhich I boughtとする。　「昨日私が買った本はおもしろい」

5．「(ずっと)眠っている」という意味になると考えられるので，‘動作の継続’を表す現在完了進行形(have/has been ～ing)にする。　「私の姉〔妹〕は10時間眠っている」

**V**〔整序結合〕

1．often「よく」のように‘頻度’を表す副詞は一般的に，一般動詞の前，あるいはbe動詞・助動詞の後に置く。「買い物に行く」はgo shopping，「土曜日に」はon Saturdays。

2．‘It is … for＋人＋to ～’「〈人〉にとって～するのは…だ」の形を用いる。

3．be interested in ～で「～に興味がある」。前置詞のinの後は，「～すること」の意味を持つ動名詞(～ing)を使ってplaying the piano「ピアノを弾くこと」と並べる。

4．This is a picture「これは写真です」が文の骨組み。a picture「写真」を修飾する「ヒトミによって撮られた」は，受け身の意味のまとまりをつくるはたらきを持つ過去分詞(過去分詞の形容詞的用法)を使ってtaken by Hitomiと表し，a pictureの直後に置く。

5．Do you know「あなたは知っていますか」で始め，この後に続く「いつ彼がここに来るか」は，‘疑問詞＋主語＋動詞…’という間接疑問の語順でwhen he will comeと表す。

**VI**〔テーマ作文〕

「アメリカとイギリスとではどちらの国に行きたいですか？」という質問。まずI want to visit America〔the U.K.〕. と答えたうえで，その理由を述べる。有名な観光名所を訪れたい，その国で盛んなスポーツを現地で見てみたいといったことが理由として考えられる。

**VII**〔長文読解総合―ホームページ〕

≪全訳≫

日学自然科学博物館

当博物館は1885年に建てられ，日本で最も古い博物館の1つです。400万点を超える貴重な展示品があり，年間100万人を上回る来館者があります。

開館時間　午前9:00から午後5:00まで
来館の方は閉館時刻の30分前まで入場できます。繁忙期や特別展開催時には，時間が延長されることがあります。

入館料

| | | |
|---|---|---|
| 個人 | 大人・大学生 | 630円 |
| | 高校生以下 | 無料 |
| 団体<br>(20名様以上) | 大人・大学生 | 510円 |

■65歳以上の方と障がいのある方の入館料は無料です。
■チケットはインターネットでのみ購入できます。館内での販売はございません。

休館日　月曜日・冬休み(12月28日～1月1日)
月曜日が国民の祝日の場合は開館し，翌火曜日が休館となります。

交通　※駐車場・駐輪場はございません。
◆京王線明大前駅より徒歩5分です。
◆小田急線豪徳寺駅より徒歩15分です。

ご来館の際のお願い
＊館内へのペット(虫を含む)の持ち込みはご遠慮ください。
＊館内での飲食と喫煙は禁止となっております。

1＜英問英答＞a)「日学自然博物館はいつ建てられたか」―エ.「130年以上前」　冒頭の博物館の紹介参照。1885年は2024年の139年前に当たる。　b)「チケットはどこで買えるか」―エ.「インターネットで」　「入館料」の欄の2つ目の注意書き参照。online「オンラインで」とOn the internet「インターネットで」は同じ意味を表す。　c)「誰のチケットが一番高いか？」―ウ.「30歳の教師」　「入館料」の表参照。個人で行く大人の630円が，最も高くなる。なお，アの「高校生」とイの「小学生」，エの「70歳の高齢男性」の入館料は全て無料である。

2＜内容真偽＞ア.「おなかがすいたら，館内で昼食をとれる」…×　「ご来館の際のお願い」の2つ目参照。館内での飲食は禁止である。　イ.「博物館は駅から遠くないので，歩いていける」…○　「交通」の欄参照。最寄駅から徒歩で行けると案内されている。　ウ.「博物館はとても新しいので，まだあまり多くの人が訪れていない」…×　冒頭の博物館の紹介参照。歴史のある博物館で，多くの人が訪れる。　エ.「開館時間は1年を通して同じである」…×　「開館時間」の2文目参照。繁忙期や特別展開催時には延長されることがある。　オ.「月曜日は入館できるかもしれない」…○　「休館日」参照。月曜日は基本的に休館日だが，国民の祝日の場合は開館される。

Ⅷ〔長文読解総合―説明文〕

≪全訳≫❶現代の世界では，健康に良い食事を用意する時間がいつもあるわけではない。その代わり，学校の食堂やコンビニエンスストア，ファストフード店で手に入るものは何でも食べなければならない。しかし，ファストフードを食べる際に不健康なものを食べる必要はない。今度ファストフード店で健康に良いものを選ぼうとするときに，覚えておくと役に立つヒントをいくつか紹介しよう。❷まず，健康に良い調理法でつくられた食品，例えば，油をほとんど，あるいは全く使わずに調理された食品を選ぼう。揚げ物は最も悪い。フライドポテトのような揚げ物のサイドメニューを避けるのは名案だ。サイドメニューにフライドポテトを頼む代わりに，グリルチキンサンドイッチと一緒にサラダを頼むことだ。また，チーズ抜きのサンドイッチを頼めば，食事のカロリーを大幅に減らせるだろう。チーズを避けたために，食事におけるカルシウムの不足が心配になってしまうだろうか。サンドイッチと一緒にコップ1杯の牛乳を飲めば，必要なカルシウムを摂取することができる。❸何を食べるかだけでなく，どのように食べるかも，食事がどれくらい健康に良いかに影響する。一般的に，レストランでの外食では，サイズが一番大きい食事やサイドメニュー，飲み物を注文してしまうため，カロリーをとりすぎる傾向がある。健康に良い食事を出すレストランでも，食事の量は人が1回で食べるべき量より多いのが普通だ。したがって，1人で食事をするときは小さいサイズを注文するか，友人や家族と外食するときにはワンプレートを注文してシェアするのが名案だ。❹カロリーを減らすのに役立つもう1つのアイデアとして，持ち帰りで注文することがある。研究者たちの発見によると，人は自宅で食事をする場合には，少なめの量を食べる傾向がある。だから，今度夕食としてファストフードを食べることにしたら，持ち帰りで注文して家に持って帰ろう。家の自分の食卓でファストフードを食べると，食事の一部を取っておいて，後で別の食事として食べる可能性が高くなる。お金だけでなく，カロリーも節約できるのだ。

1＜語形変化＞ア．現在進行形は‘be動詞(is/am/are)＋～ing’で表す。主語がyouなので，be動詞にはareを用いる。　イ．bad－worse－worst　ウ．動名詞は～ingの形で，「～すること」といった意味を持ち，前置詞の後などに置かれる。　エ．一般的に，worryのように‘子音字＋y’で終わる動詞を過去形や過去分詞にする場合には，yをiに変えてedをつける。　worry－worried－worried　オ．現在完了形は‘have/has＋過去分詞’でつくる。　find－found－found

2＜適語(句)選択＞1．空所の前は，ファストフード店などでは出されたものを食べなければならないという内容になっている。一方，空所の後では，ファストフード店でも不健康なものを食べる必要はないと述べられている。このように，空所の前後が相反する内容になっているので，これらをつなぐ語として‘逆接’のHowever「しかし」が適する。　2．空所の直後では，食事における人々の傾向が紹介されている。したがって，多くの人々が行っているという意味のIn general「一般的に」が適する。　3．空所の前は，レストランで出される料理の量は多いのが普通だという内容になっている。空所の後では，小さいサイズを頼んだり，誰かと料理をシェアしたりするとよいと述べられているが，これは空所の前の内容を‘理由’として導かれた意見だといえる。これらをつなぐ語として，前の内容を‘理由’として後に‘結果’などを述べるはたらきを持つTherefore「したがって」が適する。

3＜整序結合＞英文はA glass of milk with your sandwich「サンドイッチと一緒のコップ1杯の牛乳」で始まっており，これが主語になっていると判断できる。これと語群から，与えられた日本語を「サンドイッチと一緒のコップ1杯の牛乳は，あなたが必要なカルシウムをあなたに与えることができる」といった内容に読み換え，英文をつくるとよい。主語の後には「与えることができる」をcan giveと並べる。このgiveを‘give＋人＋物’「〈人〉に〈物〉を与える」の形で使い，can give you the calciumとする。「あなたが必要なカルシウム」はthe calciumを後ろからyou need「あなたが必要な」というまとまりが修飾する形(目的格の関係代名詞が省略された形)で表せる。

4＜用法選択＞下線部②が含まれる文は‘it is ～ to …’「…することは～だ」の形式主語構文で，下線部②のto不定詞は名詞的用法で用いられている。ア．「私はシェフになりたい」のto beはwantの目的語となる名詞的用法で，これが同じ。イ．「私にはやる(べき)ことがたくさんある」のto doはmany thingsを修飾する形容詞的用法，ウ．「私はその知らせを聞いてとても悲しい」のto hearは‘感情の原因’を表す副詞的用法，エ．「私はお客さんを歓迎するために彼らを出迎える」のto welcomeは‘目的’を表す副詞的用法である。

5＜適語補充＞前の文で，ファストフードを持ち帰れば，余りをとっておいて別の食事として食べられるかもしれないといった内容が述べられている。これによって節約できるのは，そのときにとるはずだったカロリーだけでなく，別の食事に使われるはずだったmoney「お金」である。　save「節約する」　‘～ as well as …’「…だけでなく～も，…に加えて～も」

6＜内容真偽＞ア．「コンビニエンスストアの食品は全て，私たちの健康にとって非常に悪い」…×　第1段落第1，2参照。コンビニエンスストアで手に入れられる食品には健康に良くないものもあると推測できるが，全てが健康にとって非常に悪いとまでは書かれていない。　イ．「油を使わずに調理されたものはヘルシーだ」…○　第2段落第1文に一致する。　ウ．「カロリーを減らしたいなら，チーズの入っていないサンドイッチを選ぶとよい」…○　第２段落第５文に一致する。　　エ.「健康について考えるとき，どのように食べるかは重要ではない」…×　第３段落第１文参照。　　オ.「食べ物を家に持ち帰ったら，できるだけ早く全て食べなければならない」…×　第４段落参照。一度に全部を食べないことの利点が述べられている。

７＜要旨把握＞ア．第２段落第２，３文参照。fry は「(油で)揚げる」という意味で，その過去分詞を使った fried foods は油で揚げられたもの，つまり「油もの，揚げ物」といった意味になる。
イ．第３段落最終文参照。　by ～self「１人で」　　ウ．第４段落最後の２文参照。

Ⅸ〔長文読解総合―説明文〕

≪全訳≫❶お茶は，中国やインドで4000年以上前，紀元前2700年頃から飲まれるようになった。お茶は葉からつくられる。最近では，睡眠やストレスの改善に役立てたり，体重を減らしたりするなど，健康のためにお茶を飲む人もいる。しかし，お茶を飲む国ではほとんどの人が，お茶を単に健康に良い飲み物以上のものと見なしている。実際，日本のような国では，お茶を飲むことが文化の一部になっている。トルコでは，人々が会うときには必ず紅茶がいる。誰かの家であれ会社であれ，歓迎を示す方法として紅茶が出される。イギリスでは，家庭でもオフィスでもティータイムがある。これは午後，紅茶やその他の料理が出される時間のことである。それは友人や同僚と一緒にリラックスする方法の１つだ。❷コーヒーはお茶よりずっと後，1000年以上前になってやっと登場した。コーヒーは豆からつくられる。コーヒー豆に含まれるものが，人により多くの活力を与えるのだ。ほとんどの人は，リラックスするためにはコーヒーを飲まない。そうではなく，活動を開始するために飲むのだ。多くの人は朝，目を覚ますためにコーヒーを飲む。また，一日中仕事を続けるため，午後の短い休憩時間にコーヒーを飲む人もいる。友人と会って話をするためだけに喫茶店を訪れる人もいる。しかし，喫茶店では，多くの人がコンピューターで仕事をしながらコーヒーを飲んでいる。

１＜適語(句)選択＞１．空所の前では，お茶を飲む国ではほとんどの人が，お茶を健康に良い飲み物以上のものと見なしていると説明されている。後では，日本のような国ではお茶は文化の一部になっていると述べられている。これは，前の内容を具体的な事実で補足しているといえるので，事実を示す際に用いる In fact「実際(には)」が適する。　　２．空所の前後は人がコーヒーを飲む目的が述べられた部分で，「リラックスするため」を打ち消したうえで，「活動を開始するため」だという流れになっている。したがって，前の内容を打ち消して代わりの内容を導くはたらきを持つ Instead「代わりに，そうではなく」が適する。　　３．空所の前には，友人と会って話をするためだけに喫茶店を訪れる人もいるとある。空所の後では，多くの人が喫茶店で，コンピューターで仕事をしながらコーヒーを飲んでいると述べられている。友人との会話と仕事は相反する内容だといえるので，これらをつなぐ語として‘逆接’の However「しかし」が適する。

２＜英問英答＞a)「この記事にはいくつの国が出てくるか」―ウ.「５つ」　第１段落参照。第１文で中国とインド，第５文で日本，第６文でトルコ，第８文でイギリスが出てくる。　　b)「コーヒーとお茶ではどちらの歴史が長いか」―イ.「お茶」　第１段落第１文および第２段落第１文参照。
c)「コーヒーを飲む主な理由は何か」―ウ.「活力を得ること」　第２段落第３～５文参照。

３＜英文和訳＞Many people drink coffee「多くの人々がコーヒーを飲む」が文の骨組み。to wake them up の them は Many people を指しており，wake them up は「(自分たちの)目を覚ます」という意味になる。to不定詞は‘目的’を表す副詞的用法で「～するために」と訳す。「目を覚ますために」なので，in the morning は「午前中(に)」ではなく「朝(に)」と訳すとよい。

# 数学解答

**1** (1) $-12$　(2) $\frac{2a-9b}{12}$

(3) $\frac{\sqrt{2}+3}{2}$　(4) $x=-1,\ y=4$

(5) $xy(3x-2y)^2$　(6) $x=\frac{-1\pm\sqrt{17}}{2}$

**2** (1) $c=\frac{-3a+2b}{6}$　(2) 9

(3) $-21$　(4) 20g　(5) $-12$

(6) $\frac{1}{30}$倍　(7) $80\pi\ \mathrm{cm}^3$

**3** (1) 時速 30km　(2) 4km

(3) $\frac{x}{4}=\frac{x+8}{30}+\frac{1}{6}$　(4) $\frac{26}{5}$km

**4** (1) $y=x+6$　(2) 3

(3) $-1\pm\sqrt{7}$

**5** (1) 60°　(2) $2\sqrt{2}$，$2\sqrt{3}$，4

(3) $2+\sqrt{3}$　(4) 4通り

（声の教育社　編集部）

**1**〔独立小問集合題〕

(1)＜数の計算＞与式$=12\times\left(-\frac{4}{3}\right)-(-4)=-16+4=-12$

(2)＜式の計算＞与式$=\frac{4(2a-3b)-3(2a-b)}{12}=\frac{8a-12b-6a+3b}{12}=\frac{2a-9b}{12}$

(3)＜数の計算＞与式$=\frac{\sqrt{3}(\sqrt{2}-1)}{\sqrt{3}\sqrt{4}}+(6-4)=\frac{\sqrt{2}-1}{2}+2=\frac{\sqrt{2}-1}{2}+\frac{4}{2}=\frac{\sqrt{2}+3}{2}$

(4)＜連立方程式＞$3x=-\frac{1}{3}(y+5)$……①，$5x+2y=2(x-y)+13$……②とする。①×3より，$9x=-(y+5)$，$9x=-y-5$，$9x+y=-5$……①′　②より，$5x+2y=2x-2y+13$，$3x+4y=13$……②′　②′×3－①′より，$12y-y=39-(-5)$，$11y=44$　$\therefore y=4$　これを①′に代入して，$9x+4=-5$，$9x=-9$　$\therefore x=-1$

(5)＜式の計算—因数分解＞与式$=xy(9x^2-12xy+4y^2)=xy(3x-2y)^2$

(6)＜二次方程式＞$x^2-5x+6=2(x^2-2x+1)$，$x^2-5x+6=2x^2-4x+2$，$x^2+x-4=0$となるので，解の公式より，$x=\frac{-1\pm\sqrt{1^2-4\times1\times(-4)}}{2\times1}=\frac{-1\pm\sqrt{17}}{2}$である。

**2**〔独立小問集合題〕

(1)＜等式変形＞両辺を3倍して，$3a=2(b-3c)$，$3a=2b-6c$より，$6c=-3a+2b$　$\therefore c=\frac{-3a+2b}{6}$

(2)＜数の性質＞$3\sqrt{11}=\sqrt{99}$である。$9^2<99<10^2$より，$9<\sqrt{99}<10$だから，$9<3\sqrt{11}<9+1$となる。よって，$m<3\sqrt{11}<m+1$を満たす整数$m$の値は9である。

(3)＜二次方程式—解の利用＞二次方程式$x^2-5x+6a=0$の解の1つ$x=8$を方程式に代入して，$8^2-5\times8+6a=0$より，$6a=-24$，$a=-4$となる。よって，もとの二次方程式は$x^2-5x+6\times(-4)=0$より，$x^2-5x-24=0$である。これを解くと，$(x-8)(x+3)=0$　$\therefore x=8,\ -3$　これより，他の解は$x=-3$である。つまり，$x=-3$が二次方程式$2x^2+(b-1)x+4b=0$の解の1つだから，$x=-3$を代入して，$2\times(-3)^2+(b-1)\times(-3)+4b=0$より，$18-3b+3+4b=0$，$b=-21$となる。

(4)＜一次方程式の応用＞7％の食塩水200gに水120gと食塩$x$gを加えると，10％の食塩水が$200+120+x=320+x$(g)できる。よって，含まれている食塩の量について，$200\times\frac{7}{100}+x=(320+x)\times\frac{10}{100}$が成り立つ。両辺を10倍して解くと，$140+10x=320+x$，$9x=180$　$\therefore x=20$(g)

(5)＜関数—$a$の値＞$x$軸上の点の$y$座標は0だから，$y=-3x+1$に$y=0$を代入すると，$0=-3x+1$より，$x=\frac{1}{3}$となる。よって，直線$y=2ax-(a+4)$は点$\left(\frac{1}{3},\ 0\right)$を通るから，$0=2a\times\frac{1}{3}-(a+4)$よ

り，$\frac{1}{3}a=-4$，$a=-12$ となる。

(6)＜平面図形―面積比＞右図で，点Eを通り辺CDと平行な直線と線分BFの交点をHとする。対角線ACを引くと，$\triangle ABC=\frac{1}{2}$▱ABCDである。EH∥CFより，$\triangle BEH \backsim \triangle BCF$であり，相似比は$BE:BC=1:(1+2)=1:3$だから，$EH:CF=1:3$となる。また，EH∥ABより，$\triangle EHG \backsim \triangle ABG$であり，相似比は$EH:AB=EH:CD=EH:(DF+FC)=1:(1+3)=1:4$となるから，$EG:AG=1:4$である。よって，$\triangle ABE=\frac{1}{1+2}\triangle ABC=\frac{1}{3}\times\frac{1}{2}$▱ABCD$=\frac{1}{6}$▱ABCDであり，$\triangle BEG=\frac{1}{4+1}\triangle ABE=\frac{1}{5}\times\frac{1}{6}$▱ABCD$=\frac{1}{30}$▱ABCDとなるので，△BEGの面積は平行四辺形の面積の$\frac{1}{30}$倍である。

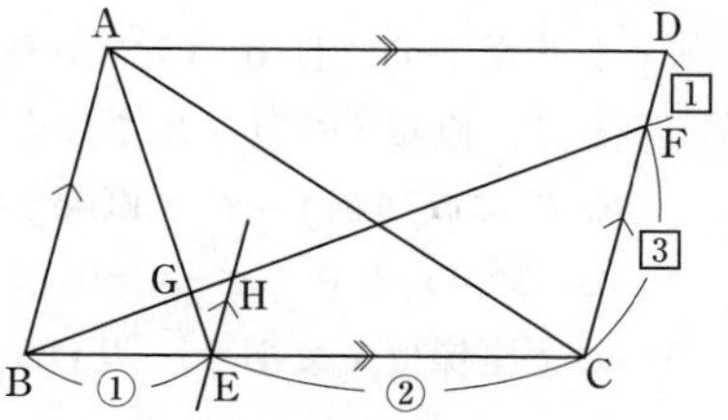


(7)＜空間図形―体積＞円周の長さが$8\pi$cmである円の半径を$r$cmとすると，$2\pi r=8\pi$より，$r=4$となる。よって，高さが5cm，底面の円の半径が4cmの円柱の体積は$\pi\times4^2\times5=80\pi$(cm$^3$)である。

**3**〔数と式―一次方程式の応用〕

(1)＜数の計算＞$500\times60=30000$より，60分(1時間)で30000m，つまり30km進むから，分速500mは時速30kmである。

(2)＜数の計算＞父が家で荷物を降ろすのに10分かかっているので，父が引き返して太郎君を車に乗せて家に帰るのにかかった時間は$26-10=16$(分)である。よって，片道にかかった時間は$16\div2=8$(分)であり，8分は$\frac{8}{60}=\frac{2}{15}$(時間)だから，太郎君が車に乗せてもらった地点は，家から$30\times\frac{2}{15}=4$(km)の地点である。

(3)＜立式＞太郎君が$x$kmを歩くのにかかった時間は$\frac{x}{4}$時間である。また，(2)より，太郎君が車に乗せてもらった距離は4kmだから，ホームセンターから家までの距離は$x+4$kmと表せる。これより，父が車でホームセンターを出発してから，太郎君を乗せるまでに走った距離は$(x+4)+4=x+8$(km)となる。よって，父が車で走った時間は$\frac{x+8}{30}$時間であり，荷物を降ろすのにかかった時間は$\frac{10}{60}=\frac{1}{6}$(時間)である。したがって，太郎君が$x$kmを歩くのにかかった時間と，父がホームセンターを出発してから太郎君を車に乗せるまでの時間は等しいから，$\frac{x}{4}=\frac{x+8}{30}+\frac{1}{6}$が成り立つ。

(4)＜一次方程式，数の計算＞2人の間の距離が最も開くのは，父が1人で家に着いたときである。(3)の方程式を両辺を60倍して解くと，$15x=2(x+8)+10$より，$13x=26$，$x=2$となる。よって，ホームセンターから家までの距離は$2+4=6$(km)である。父が車で6km走るのにかかる時間は$\frac{6}{30}=\frac{1}{5}$(時間)であり，$\frac{1}{5}$時間で太郎君が歩く距離は$4\times\frac{1}{5}=\frac{4}{5}$(km)である。したがって，求める距離は$6-\frac{4}{5}=\frac{26}{5}$(km)となる。

**4**〔関数―関数$y=ax^2$と一次関数のグラフ〕

(1)＜直線の式＞次ページの図で，直線$l$はA$(-2,\ 4)$，B$(3,\ 9)$を通るので，傾きが$\frac{9-4}{3-(-2)}=1$だから，その式は$y=x+b$とおける。これが点Bを通るので，$9=3+b$，$b=6$となる。よって，直線$l$の式は$y=x+6$である。

(2)＜面積＞右図のように，直線 $l$ と $y$ 軸の交点をDとすると，$l /\!/ m$ より，△OCB＝△OCDである。ここで，(1)より，直線 $y=x+6$ の切片が6だから，D(0, 6)であり，OD＝6となる。また，直線 $m$ の傾きは，直線 $l$ の傾きと等しく1だから，直線 $m$ の式は $y=x$ となる。点Cは放物線 $y=x^2$ と直線 $y=x$ の交点だから，2式から $y$ を消去して，$x^2=x$ より，$x^2-x=0$，$x(x-1)=0$　$\therefore x=0,\ 1$　よって，点Cの $x$ 座標は1であり，辺ODを底辺と見たときの△OCDの高さは1だから，$\triangle \mathrm{OCD}=\dfrac{1}{2}\times 6\times 1=3$ となる。よって，△OCB＝3である。

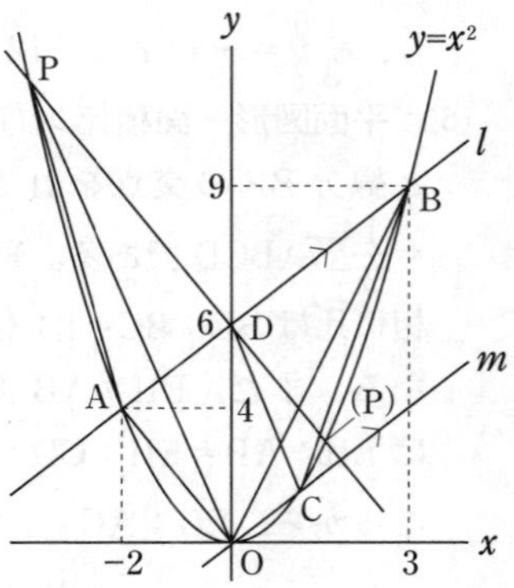


(3)＜$x$ 座標＞右図の△OADと△OCDで，底辺を共有するODと見ると，△OADの高さは点Aの $x$ 座標より2であり，△OCDの高さは(2)より1である。よって，△OAD＝2△OCD＝2△OCBである。これより，放物線 $y=x^2$ 上に点Pをとり，△OAP＝2△OCBとなるとき，△OAP＝△OADだから，OA $/\!/$ PDとなる。O(0, 0)，A(−2, 4)より，直線OAの傾きは $\dfrac{4-0}{-2-0}=-2$ だから，直線PDの傾きも−2で，切片は6より，その式は $y=-2x+6$ となる。点Pは放物線 $y=x^2$ と直線 $y=-2x+6$ の交点だから，2式から $y$ を消去して，$x^2=-2x+6$，$x^2+2x-6=0$，解の公式より，$x=\dfrac{-2\pm\sqrt{2^2-4\times1\times(-6)}}{2\times1}=\dfrac{-2\pm\sqrt{28}}{2}=\dfrac{-2\pm2\sqrt{7}}{2}=-1\pm\sqrt{7}$ となる。したがって，点Pの $x$ 座標は $-1\pm\sqrt{7}$ である。

**5**〔平面図形—円〕

(1)＜角度＞右図1で，$\mathrm{O_1A}=\mathrm{O_2A}=\mathrm{O_1O_2}=2$ より，$\triangle \mathrm{AO_1O_2}$ は正三角形である。よって，$\angle \mathrm{AO_1O_2}=60°$ である。

図1

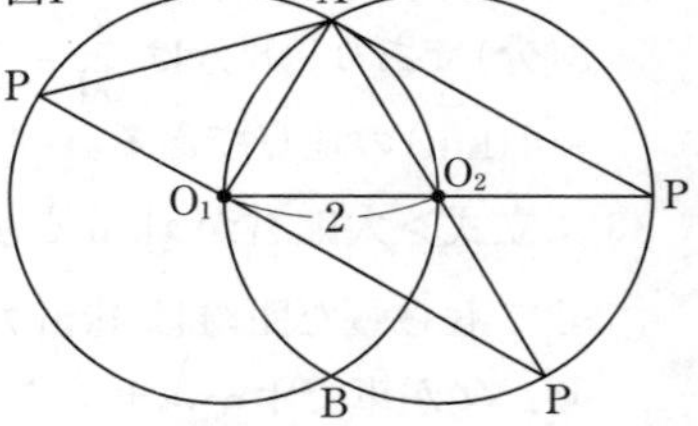


(2)＜長さ＞右図1で，点Pが円 $\mathrm{O_2}$ の点 $\mathrm{O_1}$ を含まない側の $\overset{\frown}{\mathrm{AB}}$ 上を点Aから点Bまで動くとき，$\overset{\frown}{\mathrm{AO_1}}$ に対する中心角は，(1)より60°である。よって，$\angle \mathrm{APO_1}$ は円 $\mathrm{O_2}$ の $\overset{\frown}{\mathrm{AO_1}}$ に対する円周角だから，$\angle \mathrm{APO_1}=\dfrac{1}{2}\angle \mathrm{AO_2O_1}=\dfrac{1}{2}\times 60°=30°$ となり，$\angle \mathrm{APO_1}$ が90°となることはない。このとき，$\triangle \mathrm{AO_1P}$ が直角三角形となるのは，線分 $\mathrm{O_1P}$ が円 $\mathrm{O_2}$ の直径となるときと，線分APが円 $\mathrm{O_2}$ の直径となるときである。$\triangle \mathrm{AO_1P}$ は3辺の比が $1:2:\sqrt{3}$ の直角三角形だから，線分 $\mathrm{O_1P}$ が円 $\mathrm{O_2}$ の直径のとき，$\mathrm{AP}=\sqrt{3}\mathrm{AO_1}=\sqrt{3}\times2=2\sqrt{3}$ となり，線分APが円 $\mathrm{O_2}$ の直径のとき，AP＝2×2＝4となる。また，図1で，点Pが円 $\mathrm{O_1}$ の点 $\mathrm{O_2}$ を含まない側の $\overset{\frown}{\mathrm{AB}}$ 上を点Bから点Aまで動くとき，$\triangle \mathrm{AO_1P}$ は $\mathrm{O_1A}=\mathrm{O_1P}=2$ の二等辺三角形だから，$\angle \mathrm{O_1AP}$ と $\angle \mathrm{O_1PA}$ が90°となることはない。このとき，$\triangle \mathrm{AO_1P}$ が直角三角形となるのは，$\angle \mathrm{AO_1P}=90°$ となるときであり，$\triangle \mathrm{AO_1P}$ は直角二等辺三角形となる。よって，$\mathrm{AP}=\sqrt{2}\mathrm{AO_1}=\sqrt{2}\times2=2\sqrt{2}$ である。以上より，$\triangle \mathrm{AO_1P}$ が直角三角形となるときの辺APの長さは，$2\sqrt{2}$，$2\sqrt{3}$，4である。

(3)＜面積＞$\triangle \mathrm{AO_1P}$ の面積が最大となるのは，点Pから直線 $\mathrm{AO_1}$ までの距離が最も大きいときである。このとき，点Pは，右図2のように，線分 $\mathrm{AO_1}$ の垂直二等分線と $\overset{\frown}{\mathrm{AB}}$ の交点となる。図形の対称性より，$\overset{\frown}{\mathrm{AP}}=\overset{\frown}{\mathrm{O_1P}}$ となるから，$\triangle \mathrm{AO_1P}$ は $\mathrm{AP}=\mathrm{O_1P}$ の二等辺三角形であり，辺 $\mathrm{AO_1}$ の中点をHとすると，$\mathrm{AO_1}\perp\mathrm{PH}$ である。また，弦の垂直二等分線は円の中心を通るから，3点P，$\mathrm{O_2}$，Hは同一直線上にある。$\triangle \mathrm{AO_2H}$ は3辺の比が $1:2:\sqrt{3}$ の直角三角形だから，$\mathrm{O_2H}$

図2

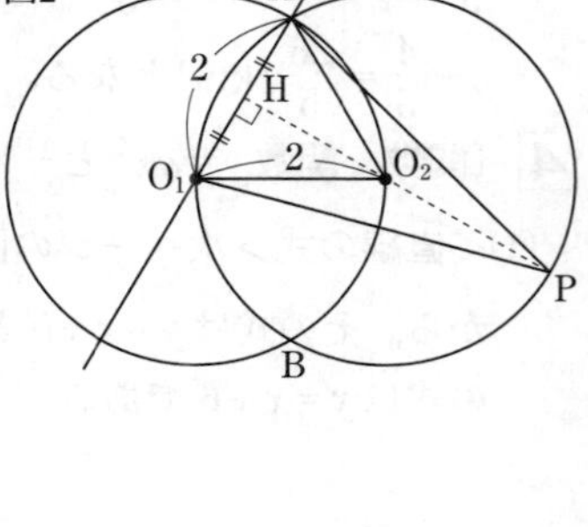

$=\frac{\sqrt{3}}{2}O_2A=\frac{\sqrt{3}}{2}\times 2=\sqrt{3}$となり，$PH=O_2P+O_2H=2+\sqrt{3}$である。よって，求める面積は，$\triangle AO_1P=\frac{1}{2}\times AO_1\times PH=\frac{1}{2}\times 2\times(2+\sqrt{3})=2+\sqrt{3}$となる。

(4)＜点Pの位置＞まず，右図3で，四角形$AO_1BO_2$は合同な正三角形を2つ組み合わせたひし形だから，$AO_1/\!/O_2B$となり，$\triangle AO_1O_2$と$\triangle AO_1B$で，底辺を共有する$AO_1$と見たときの高さは等しく，面積も等しい。また，直線$BO_2$と円$O_2$との点B以外の交点をCとすると，$AO_1/\!/CO_2$となり，$\triangle AO_1O_2$と$\triangle AO_1C$の高さは等しく，面積も等しい。次に，直線$O_1O_2$と円$O_1$との点$O_2$以外の交点をDとする。$O_1O_2=O_1D$より，$\triangle AO_1O_2$と$\triangle AO_1D$の底辺をそれぞれ$O_1O_2$，$O_1D$と見ると，高さが等しいので，面積も等しい。さらに，点Dを通り辺$AO_1$と平行な直線と円$O_1$との点D以外の交点とEとすると，$AO_1/\!/ED$より，$\triangle AO_1D=\triangle AO_1E$だから，$\triangle AO_1O_2=\triangle AO_1E$となる。よって，$\triangle AO_1P=\triangle AO_1O_2$となる点Pの位置は，図3の点C，B，D，Eの4通りある。

図3

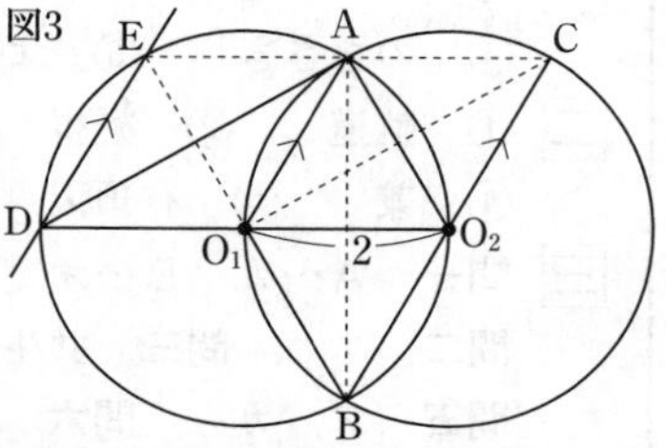

## 国語解答

一　①　の　②　ようし　③　にゅうわ
④　のきさき　⑤　よせ

二　①　軌道　②　凝視　③　余裕
④　兼　⑤　有頂天

三　問一　A…カ　B…オ　C…ウ　D…エ
問二　エ　問三　共生　問四　ア
問五　ア，カ　問六　たくましい体軀
問七　ネアンデルタール人が何らかの宗教的な意図を持って死者を葬ったのではないということ。（41字）
問八　ウ　問九　ウ
問十　手［を下して］　問十一　イ
問十二　ウ

四　問一　イ
問二　A…ウ　B…イ　C…エ　D…ア
問三　息苦し～そうだ
問四　明日の本番に大田が来なければ，駅伝に出られないという不安。（29字）
問五　a…イ　b…ウ
問六　なんでもＯＫな俺　問七　エ
問八　イ
問九　Ⅰ…エ　Ⅱ…イ　Ⅲ…ア　Ⅳ…ウ
問十　イ　問十一　ウ　問十二　イ

（声の教育社　編集部）

一〔漢字〕
①「立ち退き」は，住んでいた場所から離れて，よそへ移ること。　②「要旨」は，話や文章の中心となる点のこと。　③「柔和」は，優しく穏やかなこと。　④「軒先」は，屋根の端の，外に張り出した部分のこと。　⑤「寄席」は，落語，漫才などの演芸を行う場所のこと。

二〔漢字〕
①「軌道」は，物体が通る決まった道筋のこと。　②「凝視」は，目を見張って見つめること。　③「余裕」は，ゆったりとしていて，ゆとりがあること。　④「兼ねる」は，一つで二つ以上のはたらきをする，という意味。　⑤「有頂天」は，他のことを忘れて大得意になること。

三〔論説文の読解―自然科学的分野―人類〕出典：鷲谷いづみ『自然再生　持続可能な生態系のために』。

≪本文の概要≫ヒトがどこでどのように誕生したかは，よくわかっていない。ヒト科の最初の種は，ホモ・ハビリスという原人である。彼らは意識的に道具をつくり，その道具によって哺乳類の死体を食糧として利用できるようになった。また，ネアンデルタール人は，たくましい体軀を持ち，相当高度な道具使用の文化を持っていた。しかし，言語も，生きた動物を狩ることへの積極性も持たず，獲物と接近して戦う道具をつくることもなかったため，狩りは不得意であった。一方，ホモ・サピエンス，すなわちクロマニョン人は，主に狩猟をして暮らし，効率のいい道具をつくる能力や，言語，抽象的思考を進化させていった。彼らの残した洞窟画の正確な描写から，クロマニョン人が環境に対する精緻な認識の力を持っていたことがわかる。また，彼らは，その認識や思考を集団全体，さらには世代を超えて伝えようとする積極的な意志を持った。それにより，ヒトは，環境を積極的に変える戦略をとるようになった。言語や抽象的思考，積極性は，複雑な社会の形成をもたらし，芸術，宗教，科学の発展を導いた。その基調となったのは，環境を改変していく対環境戦略なのである。

問一＜接続語＞A．「道具の使用」は，「人類に限らない」ことがわかったが，「機能を意識してデザインされた道具の作製」は，以前と同じように「人類特有のものと考えてよい」ようである。
B．ホモ・ハビリスが「ハイエナなどが利用した後の死体を食糧として利用」したのではないか，という推測は，「捕食動物が餌を食べるときに骨に歯跡がどのくらい残るか」ということを手がかりにしていて，ある骨に対するライオンやハイエナの歯跡の割合が例として挙げられる。　C．チンパンジーは「集団で狩りをする」ことがあるが，それは「みかけ上の集団での狩りに発展」しただけであり，必ずしも「統制のとれた行動」とはいえない。　D．ネアンデルタール人は，「頭蓋骨の構造から見て」も，さらに，「抽象的な思考の能力を示唆する証拠が乏しい」ことからも，「言語をもつことはなかった」と推測されている。

問二＜指示語＞ホモ・ハビリスは，石片を使って「哺乳類の死体を解体」して，「安全な場所に運んで食べた」と推測されている。また，石器で「骨を割って骨髄を食べる」など，捕食動物が「利用した後の死体を食糧として利用」していたと考えられている。

問三＜文章内容＞ヒトは，食糧として果実を食べて，「種子をはき出したり」「糞とともに排出」したりすることで，植物の「種子分散」を助けるはたらきをした。また，ナッツを「冬の食糧として集めて」貯めることによって，「植物の生息域を広げる」役目も果たした。ヒトと植物は，協力し合ってともに生きてきたのである。

問四＜文章内容＞「香りのよい花のある場所は，食糧を得やすい場所である」と考え，ヒトは，「花を愛で」て，花が「終わった後にできる実」を食べた。ヒトが植物の「種子分散」や，「植物の生息域を広げる」役目を果たしたのは，そうしようとする積極的な意志によるものではなかったのである。

問五＜文章内容＞ネアンデルタール人は，「石核から石器をつくりだす画期的な技法を用いた」ものの，槍などの「獲物と接近して戦う」ための道具はつくらなかった(ア…○)。ネアンデルタール人は肉を食べるとしても死肉の利用が主であった。それは，ネアンデルタール人が「生きた動物を狩ることへのためらい」や「危険回避に寄与する『恐れ』」のために，狩猟に対する積極性を持たなかったからであろう(カ…○)。

問六＜文章内容＞ネアンデルタール人は，「たくましい体軀」を持ち，厳しい環境の中，「寒冷な気候にもよく耐えた」ということが明らかになっている。

問七＜文章内容＞ネアンデルタール人にとっての埋葬は，「死体にハイエナなどを寄せつけないため」の行為であり，「何らかの宗教的な意図をもって死者を葬った」のではないと考えられている。

問八＜語句＞「あらがう」は，従わずに反抗する，という意味。

問九＜文脈＞ネアンデルタール人が季節ごとに生活場所を移動して暮らしていたのに対し，ホモ・サピエンスが拠点から季節に応じて離れた場所へ出ていくような「より定住的」な生活を行えたのは，「効率のよい狩猟に支えられていた」からである。

問十＜慣用句＞「手を下す」は，自分が直接する，という意味。

問十一＜文章内容＞クロマニョン人は，大型哺乳動物の「姿と生態をつぶさに観察して」洞窟画を描いた。その描写は「非常に正確」であり，クロマニョン人が「環境に対する精緻な認識の力」を持っていたことがわかる。さらに，クロマニョン人には，その認識を「集団全体」や「世代を超えて」伝達しようとする「きわめて積極的で意識的な心の働き」もあったといえる。

問十二＜要旨＞クロマニョン人は，花や果実を好むなど，受動的に環境になじむ一面もあった。その一方で，「環境に対する精緻な認識の力」を持ち，言語や絵画を用いてその認識を「集団全体」や「世代を超えて」伝えることで，「環境を改変していく対環境戦略」もとるようになった。

四 〔小説の読解〕出典：瀬尾まいこ『あと少し，もう少し』。

問一＜心情＞明日が駅伝の本番だというのに，急に走りたくないと言いだした大田に，ジローは，はっきりと「迷惑だ」と言った。ジローには，大田は「勝手なことを思いつくままに叫んでいる」ようにしか見えず，大田が駅伝に出なければ「すべてが台無し」になることに怒りを覚えた。

問二＜表現＞A．大田が走り去った後の気まずい雰囲気の中で，俊介が「みんなの前であんなふうに言ったら，大田先輩も出ていくしかなかったよな」と小声でつぶやいた。　B．重苦しい「空気を変えようと」して，上原は「練習しよう」と明るく言った。　C．ジローは渡部に「嫌われてる」とは思っていたが，はっきりと「ジロー見てるといらいらするんだ」と言われてしまったので，ためらいつつも，自分が「何か気に障ることした」のかきいた。　D．「大田が来なけりゃ駅伝は成立しない」のに「大丈夫だよ」と言う渡部に，ジローは首をかしげた。そんなジローに，渡部は「どっちにしても，ジローは正しい」とはっきり言った。

問三＜文章内容＞大田が出ていった後，残った駅伝メンバーは，ジローを責めて大田をかばった。それに対し，渡部はジローが正しいと「苛立ちながら」言ったが，「みんな黙ったまま」で「誰も視線を合わせ」ず，「息苦しくて，体育館の中は窒息しそう」だった。

問四＜文章内容＞大田は，壮行会の最中に走りたくないと騒ぎ出し，走り去ってしまった。「大田が来なけりゃ駅伝は成立」せず，「すべてが台無し」になってしまうと思い，皆は不安になっていた。

問五＜語句＞a．「目の敵」は，何かにつけてひどく憎らしく思うこと。　b．「怪訝」は，訳がわからず，不思議に思うこと。

問六＜表現＞「いつでもなんでも引き受ける」のは，ジローの癖である。ジローが人数合わせや厄介な仕事でも「なんでもＯＫ」と引き受けるため，「周りのやつらはなんでもジローに」やらせてジローが「損してる」と思い，渡部は「頭に来てた」のである。

問七＜心情＞走りたくないと騒ぎ出した大田を，ジローは「正面から見据え」て怒った。大田は走り去ってしまい，明日「大田が来なけりゃ」大会に出られない事態になってしまった。しかし，渡部は，「強いやつの機嫌とること」が正しいとは考えず，ジローのとった行動は「100パーセント正しい」と思っていた。

問八＜心情＞「渡部に正しいと言ってもらえた」ことで，ジローは自分の「プライドなんて」どうでもいいと感じられるようになった。また，大田が「この駅伝をよりどころにしていた」ことを思い返し，ジローは「大田と一緒に走りたい」と思い，上原の元へ行き，大田の家まで行くよう促した。

問九＜文脈＞Ⅰ．上原は，担任でない自分が大田の家を訪ねようとは思っていなかったため，「家庭訪問行くだろ？」というジローの問いに，「え？　どこに？」と答えた。　Ⅱ．上原は，ジローに，大田は「駅伝のことで，帰った」のだから，陸上部の顧問である上原が家庭訪問に行くべきだと言われた。その言葉で，上原は大田に会いに行こうと思った。　Ⅲ．ジローが「大田が来たくなるようなこと」の「次の手を考えよう」とすると，上原はさえぎって止めた。　Ⅳ．上原は，自分の「やるべき仕事だ」と思ったために，大田のことは自分に任せるようにジローに言った。

問十＜表現技法＞「～のようだ」や「～のごとし」などの，比喩であることを明示する言葉を用いないでたとえる技法を，「隠喩」という。「鎧」は，大田が他者を拒絶してきたことに対する比喩である。

問十一＜文章内容＞駅伝大会の当日，大田は「集合時間の五分前に」やってきた。ジローは，大田は「今まで自分を包んでいたものを捨てきって」来たのだろうと思っていた。その大田の思いに応えるように，ジローは「大田と同じようにきれいに剃った頭を見せた」のである。

問十二＜表現＞大田が明日来なければ大会に出られないという事態に，駅伝メンバーはジローの行動を責め大田をかばった。しかし渡部が，大田が来ても来なくても「ジローは正しい」ときっぱりと言ってくれたおかげで，ジローは，大田が「駅伝をよりどころにしていたこと」を思い返し，「大田と一緒に走りたい」と思った。大会当日，「自分を包んでいたものを捨てきって」来た大田の思いに応えるように，ジローは大田に「大田と同じようにきれいに剃った頭」を見せた。物語は，ジローと渡部や上原との会話が中心となっている。

# 2023年度　日本学園高等学校（第１回）

【英　語】（50分）〈満点：100点〉

Ⅰ　次の下線部と発音が同じものを、右のア～エから１つずつ選び、記号で答えよ。

| | | | | |
|---|---|---|---|---|
| 1. lose | ア cook | イ only | ウ moment | エ food |
| 2. work | ア walk | イ bird | ウ wake | エ wall |
| 3. wanted | ア fixed | イ checked | ウ recorded | エ loved |
| 4. moves | ア belongs | イ visits | ウ walks | エ drops |

Ⅱ　各語の最も強く発音する部分の記号がイのものを４つ選び、番号で答えよ。

1. in-ter-na-tion-al
　ア イ ウ エ オ

2. en-ter-tain-ment
　ア イ ウ エ

3. ex-pe-ri-ence
　ア イ ウ エ

4. in-ter-est-ed
　ア イ ウ エ

5. im-pos-si-ble
　ア イ ウ エ

6. en-vi-ron-ment
　ア イ ウ エ

7. sur-pris-ing
　ア イ ウ

8. com-mu-ni-ca-tion
　ア イ ウ エ オ

Ⅲ　次の C と D の関係が A と B の関係と同じになるように、D の（　　）内に入る適切な語を答えよ。

| | A | B | C | D |
|---|---|---|---|---|
| 1. | book | books | country | （　　） |
| 2. | small | large | long | （　　） |
| 3. | speak | spoke | swim | （　　） |
| 4. | one | January | twelve | （　　） |

Ⅳ 次の文の(　　)内に入れるのに最も適切なものを選び、記号で答えよ。

1. The window (　　) by Tom will be fixed tomorrow.

ア breaks　イ breaking　ウ broken　エ to break

2. Do you have something (　　)?

ア to read　イ to read it　ウ reading　エ read

3. I met your brother yesterday. Do you live with (　　)?

ア he　イ his　ウ him　エ himself

4. If he studied harder, he (　　) more points.

ア could get　イ can get　ウ had gotten　エ gets

5. My sister is (　　) at singing and dancing.

ア kind　イ difficult　ウ good　エ proud

6. Mike is not at home. I guess he (　　) soccer outside since noon.

ア plays　イ had played

ウ was playing　エ has been playing

Ⅴ 次の文の(　　)内の語句を、日本語に合うように並べかえよ。

1. 私達はケンに早く来てもらいたかった。

We ( to / wanted / come / Ken / early ).

2. その丘に建っている建物まで行かなくてはいけない。

I ( the building / to / which / have / stands / go to ) on the hill.

3. この車はあの車より２倍高価だ。

This car ( expensive / twice / as / is / as ) that one.

4. 彼女は昨日宿題を終えようと頑張ったが、終えられなかった。

She ( her / to / tried / finish / homework / yesterday ), but she couldn't.

5. 彼はイギリスに10年間住んでいる。

He ( ten / for / lived / the UK / in / has ) years.

Ⅵ 次の各組の英文がほぼ同じ意味になるように、(　　)内に入る適切な語を答えよ。

1. This will be my first visit to Brazil.

I (　　) never (　　) to Brazil.

2. You must not open the box.

(　　) (　　) the box.

3. Tom bought a car, and it was made in Japan.

Tom bought a car (　　) in Japan.

4. She is our English teacher.

She (　　) (　　) English.

Ⅶ あなたは、外国人の友達から下の質問を受けた。その質問についてあなたの答えを１文、その理由を２つ、それぞれ英語で答えよ。

"Which do you like better, watching movies at theaters or at home?"

Ⅷ　次のお知らせを読み、あとの問いに答えよ。

# Setagaya Movie Theater (SMT)

Setagaya's Biggest Screens! The SMT has the biggest cinema screens in Setagaya: over 15 meters high and 20 meters wide! All of the screens here are the same size. The screens are almost as high as five-story buildings. Each screen here has 300 seats (including 50 Premier Seats). There's also a Monster Coffee Cafe! Enjoy nice coffees and snacks before and during the movies!

## MOVIES

'Pirates of the Indian'
This thrilling story is the quest of Captain Jack Hawk.
Runtime : 2h 28m
Starts at 9:05 13:00 18:00

'Detective Doyle 3'
Doyle is going to try to solve the most difficult mystery he's ever had.
Runtime : 1h 45m
Starts at 9:15 10:00 15:00

'Top Cruise'
Air battles of fighters are thrilling and exciting.
Runtime : 2h 8m
Starts at 9:00 19:00

## LOCATION

By train　Keio Line
Meidaimae Station (5-minute walk)
Shimotakaido Station (10-minute walk)

＊ We don't have a parking lot.

## PRICE

| Standard Price | | Discount Price | |
|---|---|---|---|
| Adults (ages 16-59) | 1,900 yen | High School Students | 1,000 yen |
| Children (ages 3-15) | 900 yen | University Students | 1,500 yen |
| Elderly (over 60) | 1,300 yen | The first of the month | 1,200 yen |
| | | Wednesday Service | 1,000 yen |

If you have any questions about reservations, our customer service team will help you. Click here to send an e-mail.
If you want more information, please click here to visit our Q&A page.

問1．次の質問に対する最も適切なものを1つ選び、記号で答えよ。

A) If you arrive at Shimotakaido Station at 9, what movie can you watch from the beginning as soon as possible?

ア Pirates of the Indian

イ Top Cruise

ウ Detective Doyle 3

B) Who would pay the most?

ア Three high school students.

イ Three university students who come on February 1st.

ウ Three elementary school children.

エ Four 65-year-old men who want to see a movie on Wednesday.

問2．次の英文に続くものとして最も適切なものを1つ選び、記号で答えよ。

The screens of Setagaya Movie Theater are

ア as large as other movie theater screens in Setagaya.

イ larger than any other ones in Setagaya.

ウ wider than a five-story building.

エ not bigger than other movie screens in Setagaya.

問3．お知らせの内容と合っているものを2つ選び、記号で答えよ。

ア The movie theater has just 50 seats for each screen.

イ People can buy something to eat at the theater.

ウ You can go to the theater by car.

エ E-mails are used to ask questions about reservations.

IX　次の英文を読み、あとの問いに答えよ。

〔編集部注…課題文は著作権上の問題により掲載しておりません〕

原典が不明。

問１．下線部①と⑥の語を適切な形にせよ。

問２．下線部②と⑨とほぼ同じ意味を表すものをそれぞれ選び、記号で答えよ。

ア　While my mother was talking on the phone, I did my homework.

イ　I was playing the piano when my father came back home.

ウ　I can't go because I am busy.

問３．下線部③のitが表す内容を具体的に日本語で答えよ。

問4．下線部④と⑩と同じ用法の不定詞をそれぞれ選び、記号で答えよ。

ア　My job is to teach French to children.

イ　What is the best way to solve the problem?

ウ　I am so glad to see you again.

エ　The boy went to the park to play soccer.

問5．下線部⑤を「彼が骨よりチョコレートの方が好きなことは明白だった。」という意味になるように、(　　)内の語を適切な順番に並べて英文を完成させよ。

問6．下線部⑦をheとhimが指す対象を具体的にし、日本語に訳せ。

問7．下線部⑧とほぼ同じ意味の表現を選び、記号で答えよ。

ア　talk with him　　　イ　give him chocolate

ウ　call his name　　　エ　own him as a pet

問8．次の英文について、本文の内容と合っているものを２つ選び、記号で答えよ。

ア　Albert lived in the same area for more than twenty years.

イ　Bingo ate chocolate for the first time when Albert gave it to him.

ウ　Bingo started to come to Albert's office for chocolate.

エ　Albert couldn't get into his own house after giving Bingo chocolate.

X 次の英文を読み、あとの問いに答えよ。

We sometimes want to cry in our lives. It is natural for tears to come out of your eyes. But how much do you know about tears? Tears have two types of functions. One is ①the physical function and the other is ②the emotional function.

First, let's learn about the physical function. This function is to protect eyes. If your eyes are dry, they will be hurt. These tears are produced a little every day. When something gets into your eyes, you need tears to wash it away. Take onions for example. When you cut an onion, you have tears in your eyes. If you want to stop tears from ③come out, you can try to do this. ④You should keep an onion cool before you cut it, ⑤keep it in water for some time, or use a sharp kitchen knife when you cut it.

The emotional function of tears comes next. These tears work as a way to keep our health. The tears are caused by bad emotions. When you are angry or not happy, you have more stress. Stress produces bad *hormones. The stress hormones go out of your body with such tears. ⑥Cry takes away stress from your body.

Different emotions make ⑦different tastes of tears. When people are angry or stressed, their tears have more salt. A scientist found this through an experiment. He ⑧tell people to cut onions. Then he collected their tears. When he compared them with tears from people who were stressed, the emotional tears had more salt than the physical tears.

This experiment also showed that the tears of stressed people had more stress hormones, too. From this fact, you will find that you should cry if you don't want to have much stress. That helps to stop sicknesses which too many stress hormones and too much salt can cause.

Now you know that tears work to keep us healthy. Why don't you go and see sad movies when you want to feel better? You can also listen to sad songs to help you to cry. No problem. ⑨You don't have to worry about crying. Remember, tears are good for you.

*hormone：(分泌物の)ホルモン

問１．下線部①と②の説明である次の日本語の(　　)内に適語を答えよ。

① 「その身体的な機能は、(　ア　)を(　イ　)ことである。」

② 「その感情的な機能は、私たちの(　ウ　)を(　エ　)働きがある。」

問２．下線部③、⑥、⑧の語を適切な形にせよ。

問３．下線部④と⑤と同じ文型の文を選び、記号で答えよ。

ア　The dog seems hungry.

イ　They trust the teacher.

ウ　My father cooked me some pasta.

エ　The news made us happy.

問４．下線部⑦の説明である次の日本語の(　　)内に適語を答えよ。

「人が(　ア　)や(　イ　)を感じたときに、涙には(　ウ　)が増える。」

問５．下線部⑨を日本語に訳せ。また、その理由を日本語で答えよ。

問６．本文の内容に合うように、以下の問いに英語で答えよ。

A)　When will your eyes be hurt?

B)　What kind of hormones does stress produce?

【数　学】（50分）〈満点：100点〉

**1** 次の各問いに答えよ。

(1) $-4^2 \div 2^3 - 8 \times (-5)$ を計算せよ。

(2) $\dfrac{a-2b}{3} - \dfrac{4b-a}{4}$ を計算せよ。

(3) $\sqrt{\dfrac{3}{2}} + 3\sqrt{3}\left(2\sqrt{3} - \dfrac{3}{\sqrt{2}}\right)$ を計算せよ。

(4) 連立方程式 $\begin{cases} \dfrac{x}{4} + \dfrac{y}{6} = 1 \\ 2x + 2 - (y-1) = 4 \end{cases}$ を解け。

(5) $xy^2 - 3xy - 18x$ を因数分解せよ。

(6) 2次方程式 $(2x-3)^2 = 3(x-1)(x+1)$ を解け。

**2** 次の各問いに答えよ。

(1) 等式 $z=\dfrac{2}{5}x-(2y-1)$ を $x$ について解け。

(2) $x=1-\sqrt{5}$ のとき、$x^2-2x-4$ の値を求めよ。

(3) ある商品に原価の3割増しの定価をつけたが、売れないので定価の2割引きで売ったところ利益は200円であった。この商品の原価を求めよ。

(4) $\sqrt{\dfrac{144}{23-n}}$ が整数となるような自然数 $n$ をすべて求めよ。

(5) 1周2400 mの池の周りを、A, Bの2人が同じ地点から同時に出発して、それぞれ一定の速さで進むことにした。2人が同じ方向に進んだところ、30分後にAがBを追い越した。2人が反対方向に進んだところ、15分後にはじめてすれ違った。このとき、Aの速さは分速何mか求めよ。

(6) 母線の長さが10 cm、底面の円周の長さが $12\pi$ cmである円すいの体積を求めよ。

(7) 図において、4点A, B, C, Dは円Oの周上の点であり、線分BDは円Oの直径である。点Aにおける接線と直線BD, 直線CDとの交点をそれぞれE, Fとする。このとき、∠EFDの大きさを求めよ。

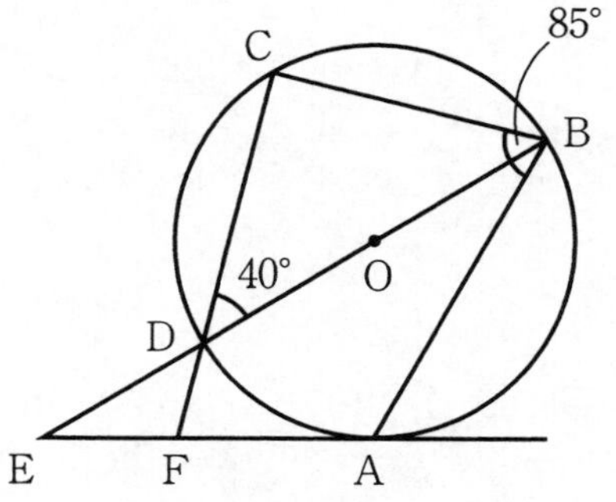

**3** 図のように、AD // BC, AD = 6 cm, BC = 14 cm の台形 ABCD がある。辺 AB, DC の中点をそれぞれ E, F とし、対角線 BD, AC の交点を G とする。また、線分 EF と対角線 BD, AC との交点をそれぞれ H, I とし、直線 DI と辺 BC の交点を J とする。このとき、次の各問いに答えよ。

(1) EH の長さを求めよ。

(2) BJ の長さを求めよ。

(3) 三角形 DGI と四角形 AEHG の面積の比を、最も簡単な整数で表せ。

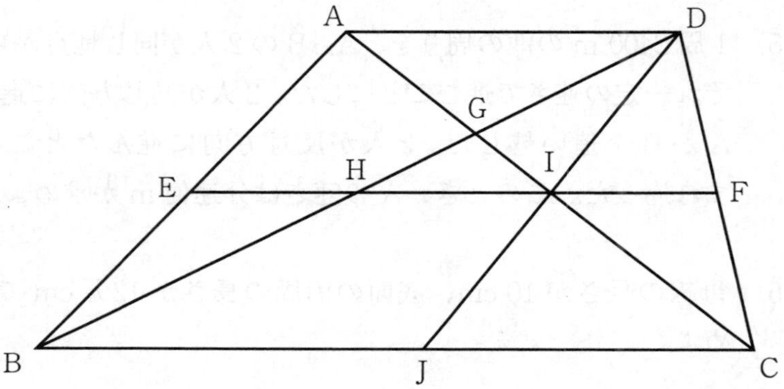

**4** 図1のように、半径2 cmの4つの球が円柱に入っている。4つの球は互いに接し、下の3つの球は円柱の底面および側面に接し、上の球は円柱の上面に接している。図2は、この円柱を真下から見た図で、$O_1$，$O_2$，$O_3$ はそれぞれ下の3つの球の中心である。このとき、次の各問いに答えよ。

(1) 三角形 $O_1O_2O_3$ の面積を求めよ。

(2) 円柱の底面の半径を求めよ。

(3) 円柱の高さを求めよ。

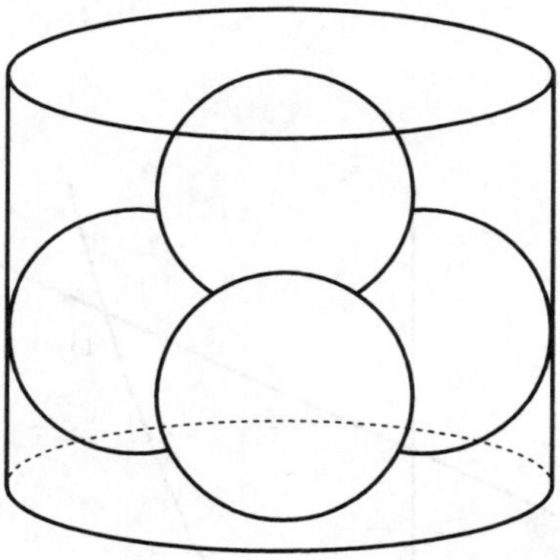

【図1】

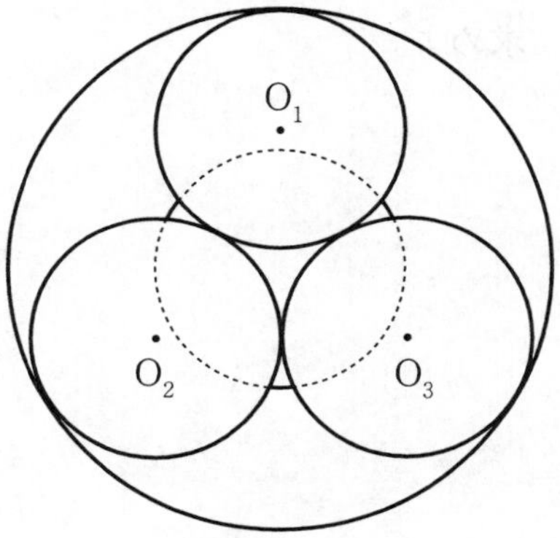


【図2】

**5** 図のように、放物線 $y=x^2$ は直線 $l$ と２点 A, B で、直線 $m$ と2点 A, C でそれぞれ交わっている。直線 $l$ と $y$ 軸の交点の座標は $(0, 6)$、点 A の $x$ 座標は $-2$、直線 $m$ の傾きは $-3$ である。また、放物線上に点 $\mathrm{P}(t,\ t^2)$ を２点 A, B の間にとる。
このとき、次の各問いに答えよ。

(1) 直線 $l$ の式を求めよ。

(2) 点 B の座標を求めよ。

(3) 三角形 ABC と三角形 ABP の面積が等しいとき、$t$ の値を求めよ。

(4) 四角形 ACPB の面積が三角形 ABC の面積の $\dfrac{3}{2}$ 倍となるとき、$t$ の値をすべて求めよ。

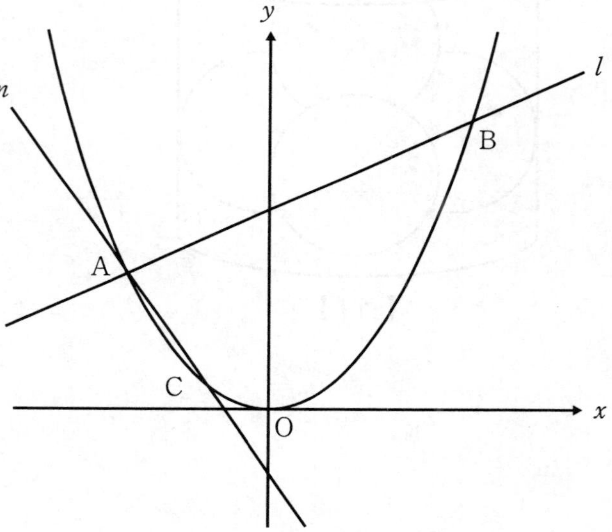

問九　傍線部⑦「その手」の「手」と同じ意味で使われているものを、次の中から一つ選び、記号で答えよ。

ア　後半戦はいつもの手を使って勝ちにゆくぞ！
イ　文化祭の準備をするには手が足りない。
ウ　こちらの手の者をすぐ応援に行かせる。
エ　この手の品はなかなか輸入されません。

問十　傍線部⑧「芸術というのはけっしてひねくれた小理屈や、判《はん》じ絵《え》の如《ごと》き物ではない」とあるが、それはなぜか。その理由を述べた一文を文章中からさがし、初めの五字を抜き出して答えよ。

問十一　傍線部⑨「そんなふうな映画」とは、どのような映画のことだと考えられるか。次の中から最も適切なものを選び、記号で答えよ。

ア　観客が寅さんの幸せを願い、その実現を日常を忘れて心から楽しむことができるような映画。
イ　観客が寅さんといっしょになって、目に映じたものを、自然な感情で受け止めることのできるような映画。
ウ　観客が寅さんの目を通して、監督のねらいを正確に受け止め、なるほどと納得できるような映画。
エ　観客が寅さんの生きる世界に入り込み、そこで自由に物語を作ってゆくことができるような映画。

問一 [A]～[C]に当てはまる語句として最も適切なものを次の中からそれぞれ選び、記号で答えよ。

ア あるいは　イ すると　ウ たとえば　エ もちろん

問二 傍線部①「平面的な人間の認識のあり方」とあるが、具体的にどうすることを言うのか。文章中の二十字以内の言葉をさがし、抜き出して答えよ。

問三 傍線部②「膝《ひざ》をたたいて笑ってしまう」とあるが、この時の「観客」の気持ちに最も近いものを次の中から選び、記号で答えよ。

ア 感激　イ 共感　ウ 歓喜　エ 驚嘆

問四 [D]に入る最も適切な言葉を文章中から抜き出して答えよ。

問五 傍線部③「故森川《もりかわ》信《しん》の想い出話」は、どういうことを説明する例として書かれているか。解答欄の言葉につながる形で、文章中から三十字以内でさがし、初めと終わりの五字をそれぞれ抜き出して答えよ。

問六 傍線部④「観客はゆめ、彼を芸術家だとか天才だなどとは思わない」とあるが、では「観客」は「渥美《あつみ》清《きよし》」のことを、どう思っているのか。文章中から五字でさがし、抜き出して答えよ。

問七 傍線部⑤「そこ」とは何を指すか。文章中から十一字でさがし、抜き出して答えよ。

問八 傍線部⑥「この人たちを笑わせるのは割に簡単なことだ」とあるが、どうしてそう言えるのか。次の中から最も適切なものを選び、記号で答えよ。

ア この人たちは、おもねりやお世辞を受け入れやすい傾向を持っているので、卑屈な姿勢で優越感に訴え、笑いを誘えば、容易に笑いを引き出すことができるから。

イ この人たちは、ほんの少しでもおかしいことがあれば、大いに笑ってやろうという精神にあふれているので、簡単なくすぐりにもすぐ反応してくれるから。

ウ この人たちは、少しでも他人より偉く見られたいと考えているので、高級な笑いを振りまかれると、いかにもわかったふうに笑わなくてはならないから。

エ この人たちは、上等でない頭の持ち主なため、難しい笑いには反応できないが、誰でも笑える簡単な笑いになると、人に負けないように急いで笑おうとするから。

すこしでも他人より偉くみられたいと考えている神経を病んだインテリ、⑥この人たちを笑わせるのは割に簡単なことだし、⑦その手の作品も多いのですが地道《じみち》に目立たず、コツコツと一生働いて暮らす人たちを笑わせ、喜ばせるのはそう簡単なことではありません。この人たちを楽しませ、喜ばせることに懸命の、それこそ人生の重さを全部かけた努力をすることこそ尊く、もし芸術というものが生まれるとすれば、その努力のうんと先のほうにあるのではないか、と考えます。

⑧芸術というのはけっしてひねくれた小理屈や、判《はん》じ絵《え》※5の如《ごと》き物ではない、それは人をして心を開かせるもの、気持ちをのびやかにときほぐすもの、うんと大きく広がった先に永遠の高みが見えるようなものではないでしょうか。良いものを良い、と称《たた》えることこそむずかしいことだと思います。良いものはとても当たりまえのものだし、誰にでもわかることだからです。

四角いトランクをぶらさげた寅さんが、広い草原をポクポクと歩く。疲れると川原に寝ころび、一眠りしてはまた旅をつづける。雲が映り、水が映る。観客は雲をながめて幸福な追憶にひたり、水を見ては悲しい思いに涙する。⑨そんなふうな映画でありたい、いつかはそんな映画をつくりたい、と「男はつらいよ」をつくりながら渥美清さんと私はときどき話し合うことがあります。

「芸術とは人を楽しませることだ」という柳田国男《やなぎたくにお》の言葉を、今日ほど思い出すときはないのです。

(山田洋次『映画をつくる』より)

注

※1 渥美清《あつみきよし》…俳優。映画「男はつらいよ」シリーズで主役の寅《とら》さんを演じる。

※2 融通無碍《ゆうずうむげ》…行動や思考が自由で、何ものにもとらわれない。

※3 天賦《てんぷ》の才…生まれつきの才能。

※4 おもねって…きげんをとって気に入られるようにして。

※5 判《はん》じ絵《え》…絵にあるものを隠しておいて、人に当てさせるもの。

よってさまざまなのです。

「天才はつねに誰かに似ている。しかし誰も［D］には似ていない」という古い言葉がありますが、その意味で渥美清という人はまさしく天才であろうと思います。かつて、おじさん役を演じていた名優③故森川信《もりかわしん》の想い出話を彼としていたとき、私があの森川信の芝居の楽しさ、たとえば台詞がなにもなくても、森川信がおどろいたような顔でとらやの店の表に立っている寅さんを見る、ひょいと見たその表情だけで観客は大爆笑をしてしまうのだが、そういう演技というものを、森川信は長い役者生活のなかでどうやってつかみえたのだろうか、といったような質問を彼にしたところ、渥美さんは言下《げんか》に「いや、天賦《てんぷ》※3の才です」と答えたものです。

そのとき私は、かつて志賀直哉《しがなおや》の文学をめぐって久米正雄《くめまさお》と芥川龍之介が語りあったときに、久米正雄が、志賀直哉の芸術は彼の生い立ちと関係している、といったようなことをいったとき、芥川龍之介が言下に「いや、天賦の才です」と答え、同席者の誰かが、いやそれにしても、といいかけるのにかぶせるように「いや、天賦の才です」とくりかえし答えていた文章を読んだことを想いだしたものです。じつに、天賦の才というものは、天賦の才ある人によってのみ発見できるのではないか、という感想です。

渥美清さんは浅草の芝居小屋で青春時代を過ごしています。おそらく彼のルーツは浅草にあったに違いありません。「お客が客席から手をさしのべている、役者は舞台から手を出してその手を握るのです」という彼の言葉は彼の仕事の中に一貫して生きつづけています。芸術院会員のような偉い役者はいる、役者というよりも、立派な文化人のような人もいる、しかし彼のようにいつまでも大衆に親しみをこめて思われている俳優はそうざらにはいないのです。間違っても渥美清を先生と呼ぶ人はいないでしょう。④観客はゆめ、彼を芸術家だとか天才だなどとは思わない、もっと平凡で身近な面白い、楽しい人だと考え、気易《きやす》く肩を叩き、握手を求める。渥美清もそれに笑顔でこたえ、握手をかわしながらみんなといっしょに肩を並べて歩いてゆくのです。そして生涯、浅草時代に彼を愛し、応援してくれた観客を裏切ることなく、親しい仲間でありつづける人なのだと思います。そこが渥美清という人の偉大さなのです。

誰のためにつくるのか、自分のためか、それとも観客のためか、という疑問はしばしば私を苦しめますが、渥美清という人を見ているとおのずとその答えがわかるような気がする。彼にあっては、人のためということが己《おの》れのためであり、自分のためということはすなわち観客のためなのです。そのことが観客にも正確に伝わっています。「労働者諸君、君たちの暮らしは貧しいな」と寅さんがいうとき、悪口をいわれた当の労働者の観客たちは怒るどころか、わーっと大喜びをするのは、観客が渥美清という俳優の人格をよく理解しているからです。いやらしく化粧して、馬鹿面をしてみせて観客に笑ってもらおうとする芸人と本質的に⑤違うものがそこにあるのです。

観客におもねって※4、お世辞をいって笑ってもらおうという精神は、なにもドタバタ喜劇にかぎりません。本来あまり上等でない頭の持ち主、

問十二　波線部ａ～ｄの茂の容姿や行動に関する表現について、教室内で議論を行った。Ａ～Ｄの四人の生徒の意見の中で**読み間違っているもの**を一つ選び、記号で答えよ。

**先生「茂の容姿や行動に着目してみるとどんなことが読み取れるでしょうか。話し合ってみよう。」**

**生徒Ａ**「波線部ａの部分では、学校を休み船の準備をしたことで堂々とした振る舞いが表されていて、大人に近づいた茂の姿を感じさせるね。」

**生徒Ｂ**「でもその反面、波線部ｂでは子どもらしい幼さも感じさせて、そういう姿を描写することで揺れる少年の気持ちが表れているようにも思う。」

**生徒Ｃ**「その揺れる思いは、波線部ｃで本当の気持ちを清司に伝える時の行動にも表れていると思う。話しながら草をむしり、岩のかけらまで取ろうとするところから感じられるよ。」

**生徒Ｄ**「そうだね。波線部ｄでも、躰《からだ》を揺すったり頬《ほお》の赤さや吹き出物ができているあたりからは幼さが残っていて、出航に際し決意がまだ揺れているように感じられるね。」

---

**四**　次の文章を読んで、あとの問いに答えよ。

※1渥美清《あつみきよし》という人はけっして他人の悪口をいいません。［Ａ］、正しい人間と不正邪悪な人間とをきびしく見わける眼は人並み以上にもっている。それでいて邪悪な人間についても、人間として観察するということをけっしてやめようとしない。別ないい方をすれば、正邪という観点で人間を裁断することについてきわめて慎重な人だということもいえます。私たちが彼の前で、ある男についての悪口をいう、［Ｂ］彼はその男についてのちょっとしたエピソード、［Ｃ］観察について語る、そのことによって私たちはその男についての見方をふと変えさせられる、あるいは①平面的な人間の認識のあり方についてやんわりたしなめられたような気持ちになる、ということがしょっちゅうなのです。

「俳優は人間をうつす鏡のような存在だ」というのはシェークスピアの台詞《せりふ》ですが、渥美清という俳優を見ているとまさにその言葉のとおりであることに気づきます。さまざまな観客が寅《とら》さんを見ながら、その仕草の、その表情のどこかに自分を発見する、あるいは自分のよく知っている友人を発見し、②思わず膝《ひざ》をたたいて笑ってしまう。それが寅さんなのであって、どこかにモデルがいて、そのとおりを渥美清が演じているというようなことではまったくない、寅さんはまことに※2融通無碍《ゆうずうむげ》、自由自在に、ありとあらゆる人間の、さまざまな感情を鏡のようにうつしだしていくのであって、だからこそ、同じひとつの表現を見ながら笑う観客もいれば涙する観客もいるというように、うけとる感情がその人に

問九　傍線部⑦「わいの気持ち」とあるが、茂は自分が旅立つことについてどのような気持ちからだと考えているか。文中の語句を用いて三十五字以内で答えよ。

問十　傍線部⑧「ひとりでいることを、このときほど強く感じたことはなかった」とあるが、この時の清司の気持ちの説明として最も適切なものを次の中から選び、記号で答えよ。

ア　これまで何をするにも一緒だったが、長く別れる時になって茂が現れず、この先一人で生きていくことを思い知らされている。

イ　茂がしてきた船旅のための準備を目にして、自分とは違う世界へ行ってしまうことを、茂の不在の中しみじみと感じている。

ウ　茂が旅支度を全て一人で行ったことを思い知らされ、これから自分も同じように一人で生きていこうと決意している。

エ　茂の出発に際し、深夜、心細い月明かりの中で茂を待ちながら、一人で航海させることに対しうしろめたさがつのっている。

問十一　文中の点線で囲った最後の部分の表現について説明した次の中から最も適切なものを選び、記号で答えよ。

ア　白く冴《さ》えわたる月光の元に広がる暗闇の海という遠景を背にして、次第に速さをまして最後は点となって消えていく船の様子を描くことで、人物のはげしい思いを表現している。

イ　暗闇の中どこまでも広がる海の上を、小さいながらも力強く進んでいく船を最後まで月光が照らし続ける様子を描くことで、人物の未来を祝福する思いを表現している。

ウ　夜の暗い海面と月光の対比の中で、ゆっくりと旅立っていく船の音が消え、姿が暗闇に包まれていく様子を丁寧に描くことで、別れにのぞむ人物の思いをにじませるように表現している。

エ　暗い海の水平線の彼方へと、月光に導かれて心細いながらも確かに進んでいく船の姿を描くことで、人生を切り開こうとする人物の思いを力強く表現している。

問三　傍線部②「清司は目だけでなんとか笑い返した」とあるが、この時の清司の説明として最も適切なものを次の中から選び、記号で答えよ。

ア　海の恐ろしさを気にせず無茶な想像をする茂に対して、どう言葉をかけて良いか分からずとまどっている。

イ　茂から頼りにされたことはうれしいが、幼さを脱し切れていない茂に不安を感じ何も言えずにいる。

ウ　得意満面に希望を口にする茂の気持ちに応えたいが、それができない自分の気持ちをかくしている。

エ　茂と家出することは不可能だと思うが、茂の気持ちを前に、自分の心を読まれることを恐れている。

問四　B ～ E に当てはまる語句として最も適切なものを次の中からそれぞれ選び、記号で答えよ。

ア　くるくる　　イ　わくわく　　ウ　ざわざわ
エ　どたどた　　オ　そわそわ　　カ　ぼそぼそ

問五　傍線部③「返事」とあるが、清司の「返事」の内容を表している一文をこの後の部分からさがし、初めの五字を抜き出して答えよ。

問六　傍線部④「しょうない。おれが蒔《ま》いた種やから」とあるが、どういうことか。それを説明した次の文のⅠ～Ⅲの（　　）に当てはまる語句をそれぞれ指定された字数で文章中からさがし、抜き出して答えよ。

> 以前母親が今後の生活について迷っていた時に、清司は母親に自分を（　Ⅰ　7字　）ことを（　Ⅱ　2字　）でしてしまったことを気に病み、母親から離れて生きていくことはできず、（　Ⅲ　4字　）いるように感じているが、それも自分がしたことなので仕方がない、ということ。

問七　傍線部⑤「わいが勝手に思い込んでただけや」とあるが、茂はどのように思い込んでいたのか。二十字以内で答えよ。

問八　傍線部⑥「おかんかて、そういう風に思わんと、つらいみたいなとこ、たしかにある」とあるが、母親は茂の父に対してどのように思っているというのか。文章中から二十四字でさがし、初めの五字を抜き出して答えよ。

※5　ソロモン海…太平洋南西部の海。パプアニューギニア近隣海域。一九四二年（昭和十七年）に日本海軍とアメリカを中心とする連合国が海戦を行った。

※6　失対のニコヨン…一九四九年（昭和二十四年）に成立した失業者対策法により、時給二四〇円で日雇いで主に肉体労働をして働くこと。

※7　極道《ごくどう》もん…道楽にふけり、素行が悪いこと。

※8　岩屋…ほらあな。

※9　櫓《ろ》…船をこぎ進めるための道具。

---

問一　傍線部①「一目見て、清司の顔はこわばった」とあるが、この時の清司の気持ちの説明として最も適切なものを次の中から選び、記号で答えよ。

ア　茂が学校に来なかった一週間でそれまでの幼さを失い大人になっていたことに気後れする気持ち。

イ　茂が自分と旅をするために危険なまねをして手に入れた十分な食料品を目にして感激する気持ち。

ウ　町の雑貨屋で起きた事件が予想した通り茂の仕業だったことが分かりぼう然とする気持ち。

エ　茂が法に触れる行為までして船に乗せる食糧をそろえたことに驚き困惑する気持ち。

問二　二カ所の［A］に共通して入る漢字一字の語句を答えよ。

船倉に荷物をいっぱい積み込んでいるせいか、船は思いのほか重く、わずかな惰力《だりょく》をつけて岸から離れた。茂が最初の竿を入れた。

「気ぃつけてな」

水のなかで足を止めて清司はいった。

「おおきに、清っさぁ。おれ、思うんやけど、あんた、相撲をつづけたほうがええんとちゃうか。清っさぁは、鍛えたらなんぼでも強うなれる。わい、あんたにはもっともっと強うなってもらいたいんや」

「そうか。茂がそこまでいうてくれるんやったら、もう一回考え直してみる」

「うん。そのほうがええよ。才能あるんやさかいな。もっと自信を持ってや。気張りよし。ほんなら、さよなら」

左手を肩のところまで上げると軽く振った。それから櫓《ろ》を使いはじめた。

「上で見送ってるわ」

清司は住吉っさんの岩山を指さした。

「うん。手紙は書かんさかいな。どっかで元気に生きてることだけ、信じてや」

影が揺れた。光が躍った。船はゆったり、ゆったり遠ざかりはじめた。水面に波紋が起こり、水を掻《か》く音が磯波《いそなみ》を分けて聞こえてくる。茂の白い歯が見えた。その顔の見分けがつかなくなると、月の光がにわかに冴《さ》え渡ってきた。走って道を戻った。清司は住吉っさんの石段を一気に駆け登った。海は影絵になっていた。音はなく、時が月の動きに合わせてゆるやかに動いていた。一隻の小舟がそのなかを、ひとつの影となってゆるゆるすべって行った。茂が船尾に腰を下ろし、こちらのほうに顔を向けて櫓を漕《こ》いでいた。手を上げたが、答えはなかった。すでに船からは見えなくなっているのかもしれなかった。少なくとも声は届かないところまで遠ざかっていた。

月光がわらわらと降り注いでいた。海に白い光があふれ、点が面となって揺れ、さざめいていた。その光がにじんできて、なにも見えなくなりはじめた。すべてのものが影のなかに塗り込められようとしていた。

（志水辰夫「旅立ち」より）

注

※1　とろ箱…魚介類などを入れる木箱。

※2　ロープ…船に碇《いかり》をつけるために廃材となっているロープを漁師の家から二人で持ち出した経験をさす。

※3　住吉《すみよ》っさん…岩山の頂上にある祠《ほこら》。

※4　海苔粗朶《のりそだ》…養殖する海苔を付着させるため、浅い海中に立てる木や竹の枝。

ハッチを開けて船倉をのぞくと、食糧、水、鍋釜《なべかま》類や船の補修用具、生活雑貨といったものが整然と仕分けて収納されていた。帆柱と帆は、外して甲板に固定してある。※9櫓《ろ》は予備もふくめて三本。エンジンルームの傍らには、五斗樽《ごとたる》をくくりつけた例のロープも用意されていた。樽は空き樽で、ふだんは雨水を溜《た》める容器として利用されるはずだ。そのための油引きした帆布《はんぷ》もしっかり固定されていた。雨が降らないときは、テントとして日除《ひよ》けに使われる。

　船尾に腰を下ろし、頭の上に張りだしている松の枝越しに、ときおり降り注いでくる月の光を浴びていた。⑧ひとりでいることを、このときほど強く感じたことはなかった。茂はリュックを背負って［E］とにぎやかにやってきた。

「うわー、ごめん。一時間も寝過ごしてしもうた」

　釣りにでも行くような声を張り上げた。

「えらい荷物やなあ。なに背負うてきた？」

「大豆や。二十キロほど、やっと手に入れた。もやしにして食うつもりやねん。日露戦争のとき、旅順《りょじゅん》にこもってたロシア軍が、ビタミン不足で脚気《かっけ》に苦しんだいう話、知ってるか。降伏したあと、倉庫を調べたら大豆がぎょうさん残されてたんやて。もしロシア軍が、大豆からもやしつくることを知ってたら、戦争はもっと長引いてたろうといわれたそうや。わい、いざとなったら釣った魚を、生で、はらわたごと食うつもりや」

「茂ならできるわ。これ、こんなもんかて、あってもかまわんやろう思うて持ってきた」

「なに？」

「気付けの酒や。おふくろが店でもろうてきてたものをくすねた。元気がなくなったとき飲んだらええ」

「そりゃおおきに。わい、けっこう酒、好きやねん。家のもん、みんな飲むんや」

　茂は新聞紙のなかから四合瓶を取り出すと、月明かりにすかしてうれしそうに笑ってみせた。

「すぐ行くか」

「うん。行く。遅うなってしもうた」

　茂は上着を脱ぐとメリヤスシャツ一枚になった。そしてくろしお丸に乗り込み、竿《さお》を手に取った。

「わりあい簡単やったねー」

　どういう意味でいったのか、目を細めると、船の上を満足そうに見やりながら言った。なにかいい返さなければいけないと思いながら、ことばが出てこなかった。口のなかが唾《つば》でいっぱいになっていた。

　茂があっさりと言った。

「ほんなら行くわ」

「わかった。押したる」

　清司はズボンの裾《すそ》をまくった。

「ああ、おおきに」

　清司は船尾に手をかけ、膝のところまで水に入りながら船を押した。

いまというもんに、辛抱できんようになってしもうたんやないかと思う。いまのわいがそうやもん」

清司は茂の横顔を見ながらうなずいた。

「おれがやめても、ひとりで行くつもりか」

「うん。こればっかりはゆずれん。ひとりでも行く」

そう言って顔を上げると、にっと笑って見せた。淋《さび》しそうではなかった。強がりでもなさそうだった。d膝《ひざ》をそろえ、上体を前かがみにして、躰《からだ》を揺すっていた。頬《ほお》が紅かった。髭《ひげ》が数本のびていた。顎の下に吹き出物がひとつできていた。

なにもかもが明るくてまぶしかった。思い出したように風が吹いた。向こう岸の、なんの森だろうか、風が吹くと、白く光る葉の裏が波打ちながら　D　動いていった。水平線には入道雲が立ち上がって、空はもう夏のものになっている。太陽は西へ三分の一くらい傾いたところで、長くなった日差しが、さらに輝きを増そうとしていた。東の空を見た。満月が二、三日後にくる。その月がもう空に昇っているはずなのに、雲に隠れているのか見えなかった。

「行くんやったら、おれは止めん」

「わかってる。清っさぁは、⑦わいの気持ち、全部わかってくれてるはずやから」

「おかあさんにも黙ってる」

「ああ。そうしてくれるほうがありがたい」

「いつにするつもりや」

「あさって、満月の夜にしよう思うてる。月夜の晩は魚が取れんから、漁に出る船も少ないやろうし」

「見送りぐらいさせてくれるか」

「うん。頼むわ」

そのあとは、話すでもなくふたりして黙って海を見つめていた。鳶《とび》が舞っている。海苔粗朶《のりそだ》のところに船がやってきて、男がひとり仕事をはじめた。空が赤く熟れ、青鷺がどこかへ帰って行った。日没はそれほどきれいでもなかった。雲が厚いため、なしくずしの入り日になってしまった。ポンポンポンと焼玉《やきだま》エンジンの音を響かせて、何隻かの船が小浦へ帰ってきた。

「腹減ったなあ」

「そういえばそうやなあ」

「餅《もち》食うか。かき餅やったらあるで。前祝いしよう」

ふたりは石段を下りて岩屋※8へ向かった。多分これが、一緒にものを食う最後になるはずだった。

（中略）

雲が空の半分を占めていた。地面はほぼ乾いていたが、湿気が立ち昇って蒸し暑く、小浦への坂道ではたっぷり汗をかかされた。住吉っさんの下で自転車を乗り捨て、まっすぐ富《とみ》が浦へ向かった。

茂はまだ来ていなかった。しかし荷物の積み込みは終わっていた。

大した意味があるようには思えなかった。ずっと同じ顔をしていることからもわかる。ときどき首を動かして、清司の言葉にうなずくだけだ。

「そやからな。いま勝手におふくろを捨てて、おれひとりがどっか行く気にはなれへんのや。こんなことしてるのをおふくろが知ったら、悲しむやろなと思うたらそれだけでなにもできんようになる。いまではおれが、逆におふくろに縛られてるんや。④しょうない。おれが蒔《ま》いた種やから。茂には気ぃ持たせて、悪かったと思うてる。もっと早く言うべきやったけど、言えんかった。おれ、まえまえからもうひとつ煮えきらんとこがあるやろ。今度のことでようわかった。そんな自分が、すごくいややねん」

「そんなに自分を責めることないわ。⑤わいが勝手に思い込んでただけや」

「だから、思い込ませたのは、おれの責任や」

茂は岩の隙間《すきま》に生えている草をむしっていた。

「わいかて、ひとりっ子やったら、こんなこと考えてないと思うわ。姉ちゃんが残ってるから、わいは家を出てもかまわんやろと、勝手に決めてるだけで」

「姉さん、このことを知ってるんか」

「知るわけないやろ。そんなことしゃべったら、全部おかんに筒《つつ》抜けや」

「おかあさんが知ったら、なに言うかなあ」

「そんなにおどろかんと思うよ。そりゃ、はじめはびっくりしたり、悲しんだりするかもしれんけど、すぐ慣れる。おとうのときもそうやったから。とうちゃん、※7極道《ごくどう》もんやった。自分の好きなようにして、最後はうちから逃げよったと、いまもときどき言うてるもん」

「それは、本気やないんとちがうか。おれのおふくろかて、いまでも迷うてるの、知ってるもん。ときどきな、仕事いうてどこかへ出かけてるんや。Wへ行ってること、おれは知ってる」

「そう言われると、半分半分やろか。⑥おかんかて、そういう風に思わんと、つらいみたいなとこ、たしかにあると思うから。あとはわいが、子どもとしてそれを信じてやればええことなんやけどね」

cむしる草がなくなった。茂は雑草と一緒に挟まっていた岩のかけらを取ろうとしはじめた。指先に力がこもっていた。

「わい、おとうが生きてるなんて、本気で思うてるわけやないねん」

かけらが外れた。茂はそれを手のなかでころがし、それから投げた。

岩は［ C ］回って落ちてゆき、下の茂みのなかへ消えた。

「そう思わんと、自分を納得させられへんかっただけや。釣り合いが取れんいうか、気持ちがぎくしゃくしてしもうて、長いこと、人前で笑うたこと、なかったもん。アメリカの話なんて、ほんとはどうでもいいんや」

「上海《しゃんはい》まで行った漁師の話もそうか」

「あれはほんまや。おとうの口から、二、三回聞かされてる。わい、おとうの気持ち、なんとなくわかるんや。ほんまにどっかへ行きたかったんやろなあと。おかんがいやになった、とかいうようなことやなしに、たという話を聞いていた。食料品がいくつか盗まれたという話だったが、そのときの盗品ではないかと思われる品々が、ミカン箱や、魚のとろ箱※1に詰《つ》めて整然と積み上げてあった。米、味噌《みそ》、醤油《しょうゆ》、油、缶詰、乾めん、乾パン、袋詰めの駄菓子《だがし》まで。夜釣りの収入で買いそろえたものもあるが、それはもちろん一部にすぎなかった。

「これだけありゃ、ふたりで三か月は大丈夫や」

茂は昂然《こうぜん》と［A］を張って言った。

「こんなもん、どうやって集めたんや」

「非常手段に訴えたもんもあるけど、ばれるようなへまはしてぇへんよ。※2ロープかて、結局なんともなかったやろ。世の中なんて、どうせこんなもんなんや」

「けど、こんなに集めてどうするんや。まるで家出するみたいやんか」

「家出やない。アメリカへ渡るんや」

清司は声も出ず茂の顔を見返した。顎《あご》に生えているまばらな毛が濃くなっていた。唇《くちびる》も太くなっている。目のなかで光っているものはもうおとなのそれに近かった。bその一方でニキビひとつ出ていない顔はすべすべして、小学生の顔みたいにあどけなかった。自信と脆《あやう》さ、強がりと弱さ、親愛と冷淡、全体としてはちぐはぐなものがもう隠せないほどあらわになっていた。

「ふたりで力合わせたら、なんでもできる思わへんか。べつに有名になるのが目的やないけど。わいら、三か月たったら、英雄になってるで」

②清司は目だけでなんとか笑い返した。そして③返事をしないまま家に帰った。

※3住吉《すみよ》っさんの岩の上から、小浦湾を見下ろしていた。水は青く、透明で、艶《つや》つやとして、光と明るさに満ち満ちている。頭の上から太陽が照りつけ、松の日陰はすこしあるものの、汗ばむくらい暑かった。向こう岸は黒ずんだ木々の生い茂る森で、その影が岸沿いに長々と横たわっていた。最近はじめられた※4海苔粗朶《のりそだ》がひとかたまり立っている。青鷺《あおさぎ》が一羽、そこの足場の上に来て一本足になっていた。

「おれも、海は好きなんよ。茂とおんなじで、潮の匂いを嗅ぐと［A］がすっとする。できたらいっぺん、※5ソロモン海まで行ってみたいとまえまえから思うてた。おやじの乗った船が沈んでるんや」

考え考え清司はいった。自然［B］という話し方になった。

「おれ、小学校時代を入れたら、これまで四回、転校してる。茂のおかあさんと同じで、おれのおふくろも、これまで七年間、ひとりでおれを育ててくれた。いろんな仕事をやった。※6失対のニコヨンに出ていたこともある。Wに越したときは、病院の仕事を世話してくれる人があったからで、そのときはこれで、もう引っ越さなくてすむんやないかと思うた。けど、結局また越して、この町へ来た。そのときおふくろが迷うたの、よう知ってる。自分の気持ちを取るか、子どものおれを取るか、気持ちがぐらついてたんだ。おれ、なんにもいうてぇへんけど、態度で、おふくろにおれを選ばせるようなことをした。それがずっと頭に残ってる」

茂は黙りこくって海に目を落としていたが、ほほえみは浮かべていたが、

# 二〇二三年度 日本学園高等学校(第1回)

【国語】(五〇分)〈満点：一〇〇点〉

注意　字数制限のある問題は、記号や句読点も字数にふくみます。

## 一

次の傍線部の漢字の読みを答えよ。

① 夏の猛暑も峠を越した。

② 玄米中心の食生活にする。

③ 深刻な水質汚濁がすすむ。

④ 戦線から早々と離脱する。

⑤ 暴風雨を冒して、帰宅する。

## 二

次の傍線部のカタカナを漢字に直せ。

① 新しいプロジェクトがシドウする。

② 危険の有無をシュンジに判断する。

③ 猛獣がエモノを追いかける。

④ 冬の間に養分をタクワえる。

⑤ キョウミホンイで趣味を尋ねる。

## 三

次の文章を読んで、あとの問いに答えよ。

> 戦後の厳しい状況の中で少年たちは懸命に生きていた。清司《きよし》と茂《しげる》は中学二年生。父親を亡くした清司はこれまで住んでいたW市を離れ、母親と漁師町で暮らし始め、やがて茂と仲良くなる。茂の父親はかつて天候不良の中、漁に出たまま行方不明になっている。茂は捨てられた船を隠し持っており、黒潮に乗れば太平洋を渡りどこへでも自由に行けると清司に語る。

「おまちどうさん。準備できたで」

「なんの準備や？」

「船に決まってるやんか。このところ、かかりっきりで整備してたんや」

にたっと笑った。aこれまでにない精悍《せいかん》な顔つきになっていた。弱々しさはどこにもなく、押しつけがましい図太さと、厚かましさを、体臭みたいに身につけていた。どう見ても中学生の顔ではなかった。

「船ができた？」

「見たらわかる。きょうの放課後、見に来てぇな。ほんま、感激もんやから」

断る理由はなかった。それで放課後、茂に同行して小浦《こうら》へ向かった。①一目見て、茂はどこにも寄り道せず、清司を洞穴《ほらあな》へ案内して行った。清司の顔はこわばった。茂がこの一週間学校へも来ず、なにをしていたか、はじめてわかったからだ。二、三日まえ、町の雑貨屋に泥棒が入っ

# 2023年度／日本学園高等学校（第１回）

## 英語解答

Ⅰ　１　エ　２　イ　３　ウ　４　ア

Ⅱ　3, 5, 6, 7

Ⅲ　１　countries　２　short
　３　swam　４　December

Ⅳ　１　ウ　２　ア　３　ウ　４　ア
　５　ウ　６　エ

Ⅴ　１　wanted Ken to come early
　２　have to go to the building which stands
　３　is twice as expensive as
　４　tried to finish her homework yesterday
　５　has lived in the UK for ten

Ⅵ　１　have, been　２　Don't open
　３　made　４　teaches us

Ⅶ　答え　（例）I like watching movies at home better.
　理由①　（例）I don't have to pay for the tickets.
　理由②　（例）Also I can choose when to watch them.

Ⅷ　問１　A)…ウ　B)…エ　問２　イ
　問３　イ，エ

Ⅸ　問１　①　leaving　⑥　satisfied
　問２　②…イ　⑨…ウ
　問３　（彼のポケットにあった）小さなチョコレート
　問４　④…ア　⑩…エ
　問５　was clear that he preferred chocolate
　問６　（例）ビンゴがアルバートに門を開けさせなかった。
　問７　イ　問８　ア，イ

Ⅹ　問１　①　ア　目〔眼〕
　　　イ　守る〔保護する〕
　　②　ウ　健康　エ　保つ
　　〔ウ　ストレス　エ　取り除く〕
　問２　③　coming　⑥　Crying
　　⑧　told
　問３　④…エ　⑤…イ
　問４　ア　怒り　イ　ストレス
　　ウ　塩（分）
　問５　訳　（例）泣くことについて心配する必要はない。
　　理由　（例）涙は良いものだから。／涙は私たちの健康を保つためにはたらいているから。
　問６　A)　(They will be hurt) when your eyes are dry.
　　B)　(It produces) bad hormones.

（声の教育社　編集部）

Ⅰ〔単語の発音〕

１．lose[uː]　ア．cook[u]　イ．only[ou]　ウ．moment[ou]　エ．food[uː]
２．work[əːr]　ア．walk[ɔː]　イ．bird[əːr]　ウ．wake[ei]　エ．wall[ɔː]
３．wanted[id]　ア．fixed[t]　イ．checked[t]　ウ．recorded[id]　エ．loved[d]
４．moves[z]　ア．belongs[z]　イ．visits[s]　ウ．walks[s]　エ．drops[s]

Ⅱ〔単語のアクセント〕

１．in-ter-ná-tion-al　２．en-ter-táin-ment　３．ex-pé-ri-ence　４．ín-ter-est-ed

5．im-pós-si-ble　6．en-ví-ron-ment　7．sur-prís-ing　8．com-mu-ni-cá-tion

Ⅲ〔単語の関連知識〕

1．book と books は単数形と複数形の関係。country の複数形は countries。

2．small と large は反対語の関係。long「長い」の反対語は short「短い」。

3．speak と spoke は動詞の原形と過去形の関係。swim の過去形は swam(swim－swam－swum)。

4．one と January は数字「1」と，その数字に対応する月「1月」の関係。twelve「12」に対応する月は December「12月」。

Ⅳ〔適語(句)選択・語形変化〕

1．直後に by Tom があるので「トムによって割られた窓」という意味になるとわかる。「～される」の意味を表すのは過去分詞。The window broken by Tom は過去分詞 broken で始まる語句が前の名詞 The window を修飾する‘名詞＋過去分詞＋その他の語句’の形(過去分詞の形容詞的用法)。　「トムに割られた窓は，明日修理されるだろう」

2．‘something＋to不定詞’の形で，「～するための何か」→「何か～する(ための)もの」という意味を表す(to不定詞の形容詞的用法)。　「あなたは何か読むものを持っていますか」

3．前置詞の目的語(前置詞の直後にくる語)なので目的格(「～を」の形)にする。　「私は昨日あなたのお兄さん〔弟さん〕に会いましたよ。あなたは彼と一緒に住んでいるのですか」

4．if節内の述語動詞 studied が過去形であることに着目。‘If＋主語＋動詞の過去形(be動詞の場合は人称・数にかかわらず原則として were)…，主語＋助動詞の過去形＋動詞の原形…’の形で，‘現在の事実に反する事柄’を表す仮定法過去の文。　「もし彼がもっと一生懸命勉強すれば，もっと多くの点を取ることができるのに」

5．be good at ～ing「～することが得意〔上手〕だ」　「私の姉〔妹〕は，歌うのと踊るのが得意だ」

6．文末の since noon「正午から(現在までずっと)」から，過去のある時点から現在までをつなげてとらえる現在完了形の文だとわかる。have/has been ～ing の形で「(過去から現在までずっと)～し続けている」という，過去のある時から現在までの動作の継続を表す現在完了進行形である。　「マイクは家にいません。私は，彼は正午からずっと外でサッカーをし続けていると思います」

Ⅴ〔整序結合〕

1．‘want＋人＋to不定詞’「〈人〉に…してほしい」の形をつくる。

2．まず「～まで行かなくてはいけない」を，have to ～「～しなければならない」を使って I have to go to ～とまとめる。「その丘に建っている建物」は which を主格の関係代名詞として使って the building which stands on the hill とまとめる。

3．倍数表現は‘倍数詞(… times / twice / half など)＋as＋原級＋as ～’「～の…倍—」の形で表せる。

4．「終えようと頑張る」は「終えようと努力する」と読み換え，try to ～「～しようと(努力)する」の形で表す。「宿題」は「彼女の宿題」なので her homework とする。

5．「10年間住んでいる」は，過去のある時点から現在までの‘継続’を表す現在完了形‘have/has＋

過去分詞’で表現できる。「10年間」は，for ten years。

Ⅵ〔書き換え―適語補充〕

1．「これは私の最初のブラジル訪問になるだろう」→「私は一度もブラジルに行ったことがない」　have never been to ～「～へ行ったことがない」(現在完了の‘経験’用法)

2．「あなたはその箱を開けてはいけない」→「その箱を開けるな」　‘禁止’を表す must not ～「～してはいけない」を，否定の命令文(Don't ～)で書き換える。

3．「トムは車を買ったが，それは日本でつくられた」→「トムは日本でつくられた車を買った」　名詞 a car を made in Japan という過去分詞句で後ろから修飾する形(過去分詞の形容詞的用法)。

4．「彼女は私たちの英語の先生だ」→「彼女は私たちに英語を教えている」　‘teach＋人＋物事’「〈人〉に〈物事〉を教える」

Ⅶ〔テーマ英作文〕

質問は「映画を映画館で見るのと家で見るのと，どちらが好きですか」。まず I like watching movies at theaters〔at home〕(better). と答えたうえで，その理由を述べる。理由としては，映画館の方が好きなら画面の大きさや音響の良さ，家の方が好きなら出かける手間や鑑賞料金の節約などが考えられる。　(別解例) I like watching movies at theaters (better).　理由① I like to watch movies on a bigger screen.　理由② Also, the sound is better and more powerful in theaters.

Ⅷ〔長文読解総合―お知らせ〕

≪全訳≫

世田谷映画館(SMT)

世田谷の最大スクリーン！　SMTは，高さ15メートル，幅20メートル以上の，世田谷で最大の映画スクリーンを設置しています。当館の複数あるスクリーンは全て同じ大きさです。スクリーンは5階建ての建物とほぼ同じ高さがあります。当館のスクリーンはそれぞれ，プレミア席50席を含め300席を備えています。また，モンスターコーヒーカフェもあります！　映画上映前または鑑賞中に，おいしいコーヒーと軽食をお楽しみください！

映画

「パイレーツオブインディアン」
このスリリングな物語は，ジャック・ホーク船長の冒険です。
上映時間：2時間28分
開始時間　9：05　13：00　18：00

「探偵ドイル3」
ドイルはこれまでで最も難しい謎を解決しようと試みます。
上映時間：1時間45分
開始時間　9：15　10：00　15：00

「トップ・クルーズ」
戦闘機の空中戦がスリリングでエキサイティングです。
上映時間：2時間8分
開始時間　9：00　19：00

場所
電車　京王線
明大前駅(徒歩5分)
下高井戸駅(徒歩10分)
＊当館には駐車場はございません。

料金

| 通常料金 | | 割引料金 | |
|---|---|---|---|
| 大人(16歳～59歳) | 1900円 | 高校生 | 1000円 |
| 子ども(3歳～15歳) | 900円 | 大学生 | 1500円 |
| シニア(60歳以上) | 1300円 | 毎月1日 | 1200円 |
| | | 水曜サービス | 1000円 |

予約に関してご質問があれば，当館の顧客サービスチームがお手伝いいたします。こちらをクリックしてメールをお送りください。
さらなる情報は，こちらをクリックして当館のQ＆Aページをご覧ください。

問１＜英問英答＞A)「もしあなたが下高井戸駅に９時に到着したら，あなたはできるだけ早く，どの映画を初めから見ることができるだろうか」―ウ．「探偵ドイル３」　「場所」欄によれば，下高井戸駅から映画館までは歩いて10分かかる。この情報を各映画の開始時間と照らし合わせると，最も早く初めから見られるのは「探偵ドイル３」の９時15分上映回。　B)「誰が一番多く支払うだろうか」―エ．「水曜に映画を見たい65歳の男性４人」　「料金」欄にある通常料金・割引料金参照。エは水曜サービスが適用されるが，１人1000円で計4000円となりこれが一番高くなる。ア．「高校生３人」は１人1000円で計3000円。イ．「２月１日に来る大学生３人」は毎月１日の割引料金となり１人1200円で計3600円。ウ．「小学生の子ども３人」は，通常料金で１人900円なので，計2700円。

問２＜内容一致＞「世田谷映画館のスクリーンは(　　)」―イ．「世田谷にある他のどのスクリーンよりも大きい」　冒頭の紹介文参照。世田谷で最大のスクリーンがあることが強調して述べられている。

問３＜内容真偽＞ア．「その映画館はスクリーン１つにつきちょうど50席設置している」…×　紹介文後半参照。各スクリーンに300席ある。　イ．「その映画館で人々は何か食べるものを買うことができる」…○　紹介文終わりの２文の内容に一致する。　ウ．「その映画館には車で行くことができる」…×　駐車場はない。　エ．「予約に関する質問をするのに，メールが使われる」…○　最後の説明書き参照。クリックするとメールで質問できるようになっている。

Ⅸ〔長文読解総合―物語〕

≪全訳≫❶アルバートは同じ地区に20年以上住んだ後，新しい場所に引っ越さざるをえなくなった。彼が住んでいる家の家主は，彼がもうこれ以上チョコレートを買う余裕がないから出ていくのだということを聞いて驚いた。❷その全ては１年前に始まった。ある晩，アルバートが家に帰ってくると，門の前に大きなイヌがいるのに気づいた。彼は動物が好きで，またたまたまポケットにチョコレートをひとかけら持っていたので，それをそのイヌにあげた。彼はそれ以前に甘いものを味わったことがなかった。次の日，そのイヌがまたそこにいた。それは片足を上げて，ほうびとしてチョコレートをまたひとかけら受け取った。アルバートは彼の新しい友を「ビンゴ」と呼んだ。彼はそのイヌの本当の名前，あるいは飼い主が誰なのかはわからなかった。しかしビンゴは毎日午後，定期的に必ず現れたので，彼が骨よりチョコレートの方が好きだということは明白だった。そのうち，そのイヌはチョコレートの小さいかけらでは満足しなくなり，毎日大きい(チョコレートの)バーを求めるようになった。もしアルバートがいかなるときでも彼の義務を怠ることがあれば，ビンゴはとても怒って，彼に門を開けさせなかった。彼は今やビンゴのなすがままにされ，自分の家に入るために，彼を物で釣らなければならなくなったのだ。彼はビンゴにチョコレートを与えるために自分のお金のかなり大きな部分を費やさなければならなかったので，どこか別の場所へ引っ越したのだった。

問１＜語形変化＞①直前にbe動詞の過去形 was があるので，進行形か受け身のどちらかになるが受け身では意味が通らないので進行形にする。過去の時点から見た確定的な未来を表す過去進行形である。　⑥be satisfied with ～で「～に満足する」という意味。動詞 satisfy は「(人)を満足させる」という意味の他動詞。ここから，現在分詞 satisfying は「(物事などが人を)満足させるような」という意味になり，過去分詞 satisfied は「満足させられる」という受け身の意味から，「(人などが)満足している」という意味になる。

**問2＜多義語＞**②下線部は‘時’を表す as。これと同じ意味を含むのはイ.「私の父が帰ってきたとき，私はピアノを弾いていた」。　⑨下線部は‘理由’を表す as。これと同じ意味を含むのはウ.「私は忙しいので行けない」。　ア.「母が電話で話をしている間に，私は宿題をした」

**問3＜指示語＞**下線部は he(＝Albert)がイヌにあげたもの(‘give＋物＋to＋人など’「〈人など〉に〈物〉を与える」の形)。前に出ている内容でここに当てはめて意味が通るものを探すと，すぐ前にある a small piece of chocolate が該当する。

**問4＜用法選択＞**④下線部は名詞的用法「～すること」(fail to ～で「～し損ねる，～しない」という意味)。これと同じ用法を含むのはア.「私の仕事は子どもたちにフランス語を教えることだ」。⑩下線部は‘目的’を表す副詞的用法「～するために」。これと同じ用法を含むのはエ.「その男の子はサッカーをするために公園に行った」。　イ. 形容詞的用法。「その問題を解決する一番いい方法は何ですか」　ウ.‘感情の原因’を表す副詞的用法。「私はあなたにまた会えてとてもうれしいです」

**問5＜整序結合＞**‘it is ～ that＋主語＋動詞 …’「…ということは～だ」の形式主語構文をつくる。「骨よりチョコレートの方が好きな」は‘prefer *A* to *B*’「*B* より *A* を好む」で表せる。

**問6＜英文和訳＞**‘let＋人＋動詞の原形’「〈人〉に～させる〔～することを許す〕」の形で「彼は彼に門を開けさせなかった」という意味。ここまでの内容から，門を開けて家に入りたいのがアルバートで，チョコレートをもらいたいためにアルバートの邪魔をするのがビンゴだとわかるので，これに合わせて「彼」を具体的な名前に書き換える。

**問7＜語句解釈＞**4つの選択肢の内容をそれぞれ下線部⑧に置き換えてみて，前後の文脈に合うものを選べばよい。アルバートは自分の家に入るために，毎回ビンゴにチョコレートをあげて機嫌を取らなければならなかったのである。bribe は「～を買収する」という意味。ここではチョコレートで言うことをきかせた(チョコレートをあげなければ言うことをきかなかった)ということ。

**問8＜内容真偽＞**ア.「アルバートは20年以上同じ地域に住んでいた」…○　第1段落第1文に一致する。　area「(特定の)地域」　district「(行政的に分けられた)地区」　イ.「ビンゴはチョコレートを，アルバートがそれをあげたときに初めて食べた」…○　第2段落第4文に一致する。ウ.「ビンゴはチョコレートをもらいにアルバートのオフィスに来るようになった」…×　そのような記述はない。　エ.「アルバートはビンゴにチョコレートをあげた後，自分の家に入ることができなかった。」…×　第2段落終わりから2文目参照。家に入るためにチョコレートをあげた。

**X**〔長文読解総合―説明文〕

≪全訳≫❶人生の中で私たちはときどき泣きたくなる。目から涙が出てくるのは自然なことだ。しかしあなたは涙についてどれほど知っているだろうか。涙には2つの型の機能がある。1つは身体的な機能で，もう1つは感情的な機能である。❷まず，身体的な機能について学んでみよう。この機能は目を保護することである。目は乾くと傷ついてしまう。この涙は毎日少しだけつくられる。何かが目に入ると，それを洗い流すために涙が必要になる。タマネギを例に取ってみよう。タマネギを切ると，目に涙がたまる。涙が出るのを止めたいなら，次のいずれかを試してみるといい。タマネギを切る前に冷やしておく，しばらく水につけておく，切るときは鋭利な包丁を使う。❸次は涙の感情的な機能だ。この涙は健康を保つ方法としてはたらく。涙は悪い感情によって引き起こされる。怒ったときやうれしくないときは，ストレスが増す。ストレスは悪いホルモンを生み出す。このストレスホルモンは，そのような涙とともに体外へ出ていく。泣くことは体からストレスを取り去ってくれるのだ。❹感情が違えば涙の味も異なる。人が怒ったりストレスを感じたりすると，その涙は塩分が増える。ある科学者が実験を通してこの事実を見つけた。彼は人々にタマネギを切るように言った。それから彼は彼らの涙を集めた。ストレスを抱えた人々の涙とそれらの涙を彼が比較すると，感情的な涙は身体的な涙よりも塩分が多かったのだ。❺この実験はまた，ストレスを受けた人の涙はストレスホルモンも多いということを示した。この事実からは，大きなストレスを抱えたくないなら泣くべきだということがわかるだろう。そのことは，多すぎるストレスホルモンと多すぎる塩分が引き起こす可能性がある病気を防ぐ助けとなる。❻これで涙が私たちを健康に保つためにはたらいているのがわかった。気分良くなりたいときは悲しい映画を見に行くのはどうだろう。自分が泣きやすいように，悲しい歌を聴くのもよい。大丈夫。泣くことについて心配する必要はない。覚えておくといい，涙は良いものなのだ。

**問1＜語句解釈＞**①涙の身体的な機能については第2段落で述べられている。第2文に This function is to protect eyes. とある。　protect「～を守る」　②涙の感情的な機能については第3段落で述べられている。具体的には，第2文の keep our health，および最終文の takes away stress である。

**問2＜語形変化＞**③直前に前置詞 from がある。前置詞の直後に続く動詞は，動名詞(～ing)になる。　⑥下線部は文全体の主語になるので，動名詞 (～ing) にする。to不定詞の名詞的用法で To cry とすることも考えられるが，本問のように述語動詞が be動詞ではない場合，to不定詞は主語として用いられない。　⑧過去に行われた実験について説明している部分なので過去形にする。

**問3＜文型選択＞**④You＝主語，should keep＝動詞，an onion＝目的語，cool＝補語の第5文型。これと同じ文型なのは The news＝主語，made＝動詞，us＝目的語，happy＝補語のエ。　⑤(You)＝主語，(should) keep＝動詞，it＝目的語で残りは修飾語の第3文型。これと同じ文型なのは They＝主語，trust＝動詞，the teacher＝目的語のイ。

**問4＜語句解釈＞**直後の文が下線部⑦を含む文の具体的な説明になっていることを読み取る。

**問5＜英文和訳・文脈把握＞**don't have to ～「～する必要はない」と worry about ～ing「～することについて心配する」が組み合わさった形。直後の文が心配する必要がない理由になっている。理由については，第2，3段落で述べられている「目を保護する」「健康を保つ」などとしてもよい。　(別解例)涙は目を保護したり，健康を保つのにはたらいたりするから。

**問6＜英問英答＞**A)「あなたの目はいつ傷つくのだろうか」―「(それらは)乾いているとき(傷つく)」　第2段落第3文参照。　B)「ストレスはどのようなホルモンを生み出すだろうか」―「(それは)悪いホルモン(を生み出す)」　第3段落第5文参照。

## 数学解答

**1** (1) 38　(2) $\dfrac{7a-20b}{12}$

(3) $18-4\sqrt{6}$　(4) $x=2$, $y=3$

(5) $x(y+3)(y-6)$　(6) $x=6\pm2\sqrt{6}$

**2** (1) $x=\dfrac{10y+5z-5}{2}$　(2) 0

(3) 5000円　(4) 7, 14, 19, 22

(5) 分速120m　(6) $96\pi\ \mathrm{cm}^3$

(7) 120°

**3** (1) 3 cm　(2) 8 cm　(3) 4：9

**4** (1) $4\sqrt{3}\ \mathrm{cm}^2$　(2) $2+\dfrac{4\sqrt{3}}{3}$ cm

(3) $4+\dfrac{4\sqrt{6}}{3}$ cm

**5** (1) $y=x+6$　(2) (3, 9)　(3) 2

(4) $\dfrac{2\pm\sqrt{6}}{2}$

（声の教育社　編集部）

### 1 〔独立小問集合題〕

(1)＜数の計算＞与式 $=-16\div8-(-40)=-2+40=38$

(2)＜式の計算＞与式 $=\dfrac{4(a-2b)-3(4b-a)}{12}=\dfrac{4a-8b-12b+3a}{12}=\dfrac{7a-20b}{12}$

(3)＜数の計算＞与式 $=\dfrac{\sqrt{3}}{\sqrt{2}}+6\times3-\dfrac{9\sqrt{3}}{\sqrt{2}}=18-\dfrac{8\sqrt{3}}{\sqrt{2}}=18-\dfrac{8\sqrt{3}\times\sqrt{2}}{\sqrt{2}\times\sqrt{2}}=18-\dfrac{8\sqrt{6}}{2}=18-4\sqrt{6}$

(4)＜連立方程式＞$\dfrac{x}{4}+\dfrac{y}{6}=1$……①，$2x+2-(y-1)=4$……②とする。①×12より，$3x+2y=12$……①′　②より，$2x+2-y+1=4$，$2x-y=1$……②′　①′+②′×2より，$3x+4x=12+2$，$7x=14$　∴$x=2$　これを①′に代入して，$6+2y=12$，$2y=6$　∴$y=3$

(5)＜式の計算―因数分解＞与式 $=x(y^2-3y-18)=x(y+3)(y-6)$

(6)＜二次方程式＞$4x^2-12x+9=3(x^2-1)$より，$4x^2-12x+9=3x^2-3$，$x^2-12x+12=0$となるので，解の公式より，$x=\dfrac{-(-12)\pm\sqrt{(-12)^2-4\times1\times12}}{2\times1}=\dfrac{12\pm\sqrt{96}}{2}=\dfrac{12\pm4\sqrt{6}}{2}=6\pm2\sqrt{6}$である。

### 2 〔独立小問集合題〕

(1)＜等式変形＞左辺と右辺を入れかえて，$\dfrac{2}{5}x-(2y-1)=z$，$\dfrac{2}{5}x-2y+1=z$，両辺に5をかけて，$2x-10y+5=5z$，$-10y$と5を右辺に移項して，$2x=10y+5z-5$，両辺を2でわって，$x=\dfrac{10y+5z-5}{2}$となる。

(2)＜数の計算＞与式 $=(1-\sqrt{5})^2-2(1-\sqrt{5})-4=1-2\sqrt{5}+5-2+2\sqrt{5}-4=0$

≪別解≫$x=1-\sqrt{5}$より，$x-1=-\sqrt{5}$，$(x-1)^2=(-\sqrt{5})^2$，$x^2-2x+1=5$，$x^2-2x=4$となるから，与式 $=(x^2-2x)-4=4-4=0$である。

(3)＜一次方程式の応用＞原価を$x$円とすると，原価の3割増しの定価をつけたので，定価は$x\times\left(1+\dfrac{3}{10}\right)=\dfrac{13}{10}x$（円）となり，定価の2割引きで売ったので，売価は$\dfrac{13}{10}x\times\left(1-\dfrac{2}{10}\right)=\dfrac{26}{25}x$（円）と表せる。利益は200円だったから，$\dfrac{26}{25}x-x=200$が成り立ち，$\dfrac{1}{25}x=200$，$x=5000$となるので，原価は5000円である。

(4)＜数の性質＞$\sqrt{\dfrac{144}{23-n}}=\dfrac{\sqrt{144}}{\sqrt{23-n}}=\dfrac{12}{\sqrt{23-n}}$だから，これが整数となるとき，$\sqrt{23-n}$は12の約数である。また，$n$は自然数だから，$\sqrt{23-n}<\sqrt{23}$であり，$\sqrt{16}<\sqrt{23}<\sqrt{25}$より，$4<\sqrt{23}<5$だ

から，$\sqrt{23-n}<5$ である。よって，$\sqrt{23-n}=1$，2，3，4 である。$\sqrt{23-n}=1$ のとき，$23-n=1$ より，$n=22$ となり，$\sqrt{23-n}=2$ のとき，$23-n=4$ より，$n=19$ となり，$\sqrt{23-n}=3$ のとき，$23-n=9$ より，$n=14$ となり，$\sqrt{23-n}=4$ のとき，$23-n=16$ より，$n=7$ となる。以上より，求める自然数 $n$ は，$n=7$，14，19，22 である。

(5)**＜連立方程式の応用＞**A，Bの速さをそれぞれ分速 $x$ m，分速 $y$ m とする。2人が同じ地点から同時に出発して同じ方向に進むと，30分後にAがBを追い越したから，30分で進んだ道のりは，AがBより池の周り1周分の2400m 長い。よって，$x\times30-y\times30=2400$ が成り立ち，$x-y=80$……① となる。また，2人が反対方向に進むと，15分後に初めてすれ違ったから，2人が15分で進んだ道のりの和は2400m である。これより，$x\times15+y\times15=2400$ が成り立ち，$x+y=160$……②となる。①＋②で $y$ を消去すると，$x+x=80+160$，$2x=240$，$x=120$ となるので，Aの速さは分速120m である。

(6)**＜空間図形―体積＞**右図1のように，3点A，B，Oを定める。底面の円周の長さが $12\pi$ cm だから，底面の円の半径は，$2\pi\times\mathrm{OB}=12\pi$ より，OB＝6 である。∠AOB＝90° だから，△ABO で三平方の定理より，円錐の高さは $\mathrm{AO}=\sqrt{\mathrm{AB}^2-\mathrm{OB}^2}=\sqrt{10^2-6^2}=\sqrt{64}=8$ となる。よって，円錐の体積は，$\frac{1}{3}\times\pi\times6^2\times8=96\pi\ (\mathrm{cm}^3)$ である。

図1

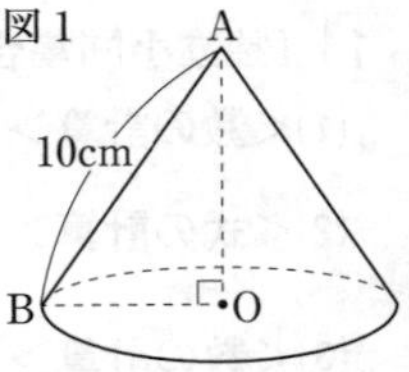


(7)**＜平面図形―角度＞**右図2で，2点O，Aを結ぶ。直線 AE は円Oと点Aで接するから，∠OAF＝90° である。また，∠ODF＝180°－∠CDB＝180°－40°＝140° である。さらに，線分 BD が円Oの直径より，∠BCD＝90° だから，△BCD で，∠CBD＝180°－∠BCD－∠CDB＝180°－90°－40°＝50° となる。これより，∠ABD＝∠ABC－∠CBD＝85°－50°＝35° となり，$\overset{\frown}{\mathrm{AD}}$ に対する円周角と中心角の関係より，∠AOD＝2∠ABD＝2×35°＝70° となる。したがって，四角形 AODF で，∠AFD＝360°－∠OAF－∠ODF－∠AOD＝360°－90°－140°－70°＝60° となるから，∠EFD＝180°－∠AFD＝180°－60°＝120° である。

図2

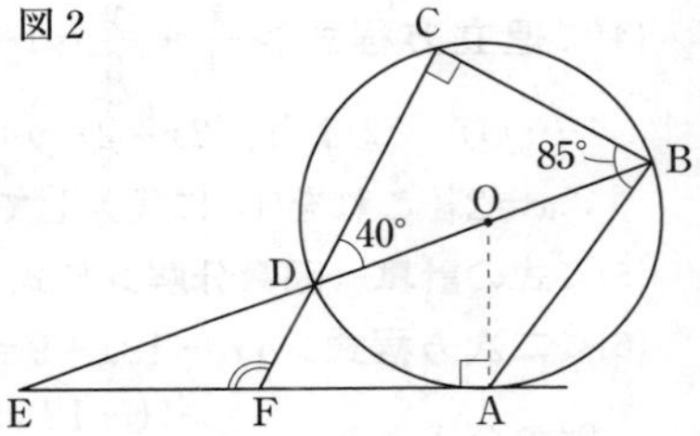


## 3 〔平面図形―台形〕

**≪基本方針の決定≫**(2)　△AID≡△CIJ であることに気づきたい。

(1)**＜長さ―相似＞**右図で，AD∥BC であり，AE＝EB，DF＝FC だから，AD∥EF∥BC となる。これより，△ABD∽△EBH となるから，AD：EH＝AB：EB＝2：1 であり，$\mathrm{EH}=\frac{1}{2}\mathrm{AD}=\frac{1}{2}\times6=3$(cm) となる。

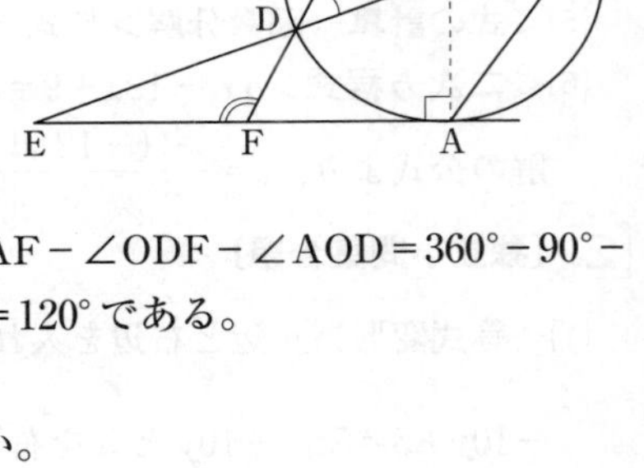


(2)**＜長さ―合同＞**右図で，AD∥EF∥BC，AE＝BE より，DI＝JI である。また，∠ADI＝∠CJI となる。さらに，対頂角より，∠AID＝∠CIJ である。よって，△AID≡△CIJ となるから，CJ＝AD＝6 であり，BJ＝BC－CJ＝14－6＝8(cm) となる。

(3)**＜面積比＞**右上図で，AD∥EF∥BC だから，△DHI∽△DBJ となり，HI：BJ＝DI：DJ＝1：2 より，$\mathrm{HI}=\frac{1}{2}\mathrm{BJ}=\frac{1}{2}\times8=4$ となる。また，△AGD∽△IGH となるから，DG：HG＝AD：HI＝6：4＝3：2 となる。これより，△DGI：△IGH＝DG：HG＝3：2 となるから，△DGI＝$S$ とおくと，

$\triangle IGH=\frac{2}{3}\triangle DGI=\frac{2}{3}S$となり，$\triangle DHI=\triangle DGI+\triangle IGH=S+\frac{2}{3}S=\frac{5}{3}S$となる。さらに，$\triangle AEI$と$\triangle DHI$は，底辺をそれぞれEI，HIと見ると，高さが等しくなるから，$\triangle AEI:\triangle DHI=EI:HI$である。$EI=EH+HI=3+4=7$より，$EI:HI=7:4$となり，$\triangle AEI:\triangle DHI=7:4$となる。よって，$\triangle AEI=\frac{7}{4}\triangle DHI=\frac{7}{4}\times\frac{5}{3}S=\frac{35}{12}S$となり，〔四角形AEHG〕$=\triangle AEI-\triangle IGH=\frac{35}{12}S-\frac{2}{3}S=\frac{9}{4}S$と表せる。したがって，$\triangle DGI$：〔四角形AEHG〕$=S:\frac{9}{4}S=4:9$である。

**4** 〔空間図形―球，円柱〕

**≪基本方針の決定≫**(1)　$\triangle O_1O_2O_3$は正三角形である。　(3)　4つの球の中心を結んでできる立体は正四面体である。

(1)<面積>球の半径は2cmなので，右図1で，円$O_1$，円$O_2$，円$O_3$の半径は2cmであり，$O_1O_2=O_2O_3=O_3O_1=2+2=4$である。よって，$\triangle O_1O_2O_3$は正三角形だから，点$O_1$から$O_2O_3$に垂線$O_1M$を引くと，$\triangle O_1O_2M$は3辺の比が$1:2:\sqrt{3}$の直角三角形となる。これより，$O_1M=\frac{\sqrt{3}}{2}O_1O_2=\frac{\sqrt{3}}{2}\times4=2\sqrt{3}$となるから，$\triangle O_1O_2O_3=\frac{1}{2}\times O_2O_3\times O_1M=\frac{1}{2}\times4\times2\sqrt{3}=4\sqrt{3}$(cm²)である。

図1

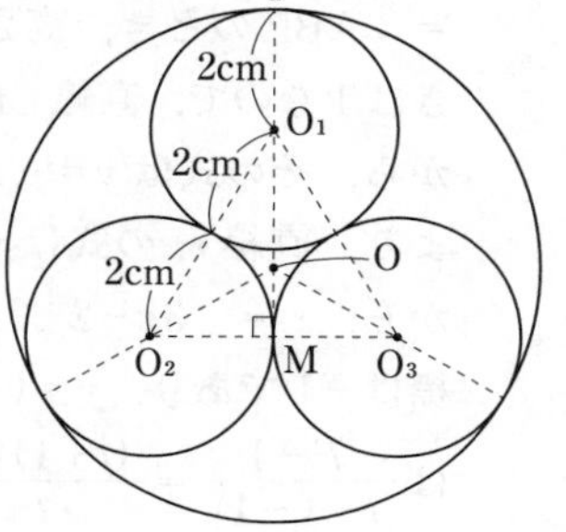


(2)<長さ>右図1で，円$O_1$，円$O_2$，円$O_3$と接する円の半径が，円柱の底面の半径となる。この円の中心をOとし，円$O_1$と円Oの接点をPとすると，円Oの半径は，$OP=O_1P+OO_1$となる。$\triangle O_1O_2O_3$が正三角形だから，図形の対称性より，点Oは線分$O_1M$上の点となり，$\triangle OO_1O_2$，$\triangle OO_2O_3$，$\triangle OO_3O_1$は合同な二等辺三角形となる。よって，$\angle O_2OO_3=\frac{1}{3}\times360^\circ=120^\circ$となり，$OM\perp O_2O_3$より，$\angle O_2OM=\angle O_3OM=\frac{1}{2}\angle O_2OO_3=\frac{1}{2}\times120^\circ=60^\circ$となる。これより，$\triangle OO_2M$は3辺の比が$1:2:\sqrt{3}$の直角三角形である。点Mは円$O_2$と円$O_3$の接点と一致するから，$O_2M=2$であり，$OM=\frac{1}{\sqrt{3}}O_2M=\frac{1}{\sqrt{3}}\times2=\frac{2\sqrt{3}}{3}$，$OO_1=O_1M-OM=2\sqrt{3}-\frac{2\sqrt{3}}{3}=\frac{4\sqrt{3}}{3}$となる。したがって，$OP=2+\frac{4\sqrt{3}}{3}$となるから，円柱の底面の半径は，$2+\frac{4\sqrt{3}}{3}$cmである。

(3)<長さ―三平方の定理>右図2で，円柱の上面に接する球の中心を$O_4$とし，球$O_1$と底面が接する点をA，球$O_4$と上面が接する点をBとする。また，$O_1O_4=O_2O_4=O_3O_4=2+2=4$となることより，$O_1O_2=O_2O_3=O_3O_1=O_1O_4=O_2O_4=O_3O_4=4$となるから，四面体$O_1O_2O_3O_4$は正四面体となり，図形の対称性から，$O_4O\perp$〔面$O_1O_2O_3$〕となる。$\triangle OO_4O_1$で三平方の定理より，$O_4O=\sqrt{O_1O_4{}^2-OO_1{}^2}=\sqrt{4^2-\left(\frac{4\sqrt{3}}{3}\right)^2}=\sqrt{\frac{96}{9}}=\frac{4\sqrt{6}}{3}$となるので，円柱の高さは，$O_4B+O_4O+O_1A=2+\frac{4\sqrt{6}}{3}+2=4+\frac{4\sqrt{6}}{3}$(cm)となる。

図2

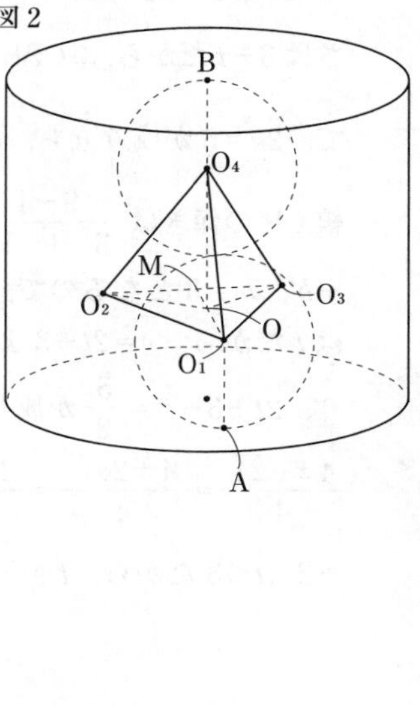


**5** 〔関数―関数$y=ax^2$と一次関数のグラフ〕

≪**基本方針の決定**≫⑶　CP∥ABであることに気づきたい。

⑴<**直線の式**>右図１で，点Aは放物線$y=x^2$上にあり，$x$座標が$-2$だから，$y=(-2)^2=4$より，A$(-2,\ 4)$である。直線$l$は点Aと点$(0,\ 6)$を通るから，傾きが$\dfrac{6-4}{0-(-2)}=1$，切片が6であり，直線$l$の式は$y=x+6$である。

図１

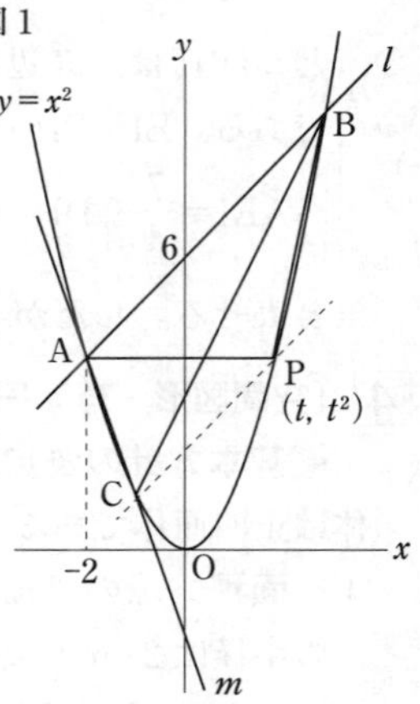


⑵<**座標**>右図１で，⑴より，点Bは，放物線$y=x^2$と直線$y=x+6$の交点となる。２式から$y$を消去して，$x^2=x+6$より，$x^2-x-6=0$，$(x+2)(x-3)=0$　$\therefore x=-2,\ 3$　よって，点Bの$x$座標は3であり，$y=3^2=9$だから，B$(3,\ 9)$である。

⑶<**$x$座標**>右図１で，△ABC，△ABPの底辺をABと見ると，△ABC＝△ABPのとき，高さが等しいから，CP∥ABである。直線ABの傾きは1なので，直線CPの傾きも1となる。次に，直線$m$は傾きが$-3$だから，その式は$y=-3x+b$とおける。これがA$(-2,\ 4)$を通るから，$4=-3\times(-2)+b$，$b=-2$より，直線$m$の式は$y=-3x-2$となる。点Cは，放物線$y=x^2$と直線$y=-3x-2$の交点となるから，$x^2=-3x-2$より，$x^2+3x+2=0$，$(x+1)(x+2)=0$　$\therefore x=-1,\ -2$　よって，点Cの$x$座標は$-1$であり，$y=(-1)^2=1$だから，C$(-1,\ 1)$である。２点C，Pの座標より，直線CPの傾きは$\dfrac{t^2-1}{t-(-1)}=\dfrac{(t+1)(t-1)}{t+1}=t-1$と表せるから，$t-1=1$が成り立ち，$t=2$となる。

⑷<**$x$座標**>右図２で，点Cを通り$y$軸に平行な直線と直線ABの交点をHとする。C$(-1,\ 1)$より，点Hの$x$座標は$-1$であり，点Hは直線$y=x+6$上にあるから，$y=-1+6=5$より，H$(-1,\ 5)$である。これより，CH$=5-1=4$となり，CHを底辺と見ると，△ACHの高さは$-1-(-2)=1$，△BCHの高さは$3-(-1)=4$となるので，△ABC＝△ACH＋△BCH$=\dfrac{1}{2}\times4\times1+\dfrac{1}{2}\times4\times4=10$となる。よって，〔四角形ACPB〕$=\dfrac{3}{2}$△ABC$=\dfrac{3}{2}\times10=15$だから，△CPB＝〔四角形ACPB〕－△ABC$=15-10=5$である。次に，点Pを通り$y$軸に平行な直線とCBの交点をIとし，PI$=k$とする。PIを底辺と見ると，△CPIの高さは$t-(-1)=t+1$，△BPIの高さは$3-t$だから，△CPB＝△CPI＋△BPI$=\dfrac{1}{2}\times k\times(t+1)+\dfrac{1}{2}\times k\times(3-t)=2k$と表せる。したがって，$2k=5$が成り立ち，$k=\dfrac{5}{2}$となるので，PI$=\dfrac{5}{2}$である。ここで，C$(-1,\ 1)$，B$(3,\ 9)$より，直線CBの傾きは$\dfrac{9-1}{3-(-1)}=2$だから，その式は$y=2x+b'$とおけ，点Cを通ることより，$1=2\times(-1)+b'$，$b'=3$となるので，直線CBの式は$y=2x+3$である。点Iは直線$y=2x+3$上にあり，$x$座標は$t$だから，$y=2t+3$より，I$(t,\ 2t+3)$である。P$(t,\ t^2)$だから，PI$=2t+3-t^2$と表せる。以上より，$2t+3-t^2=\dfrac{5}{2}$が成り立ち，$2t^2-4t-1=0$となるので，$t=\dfrac{-(-4)\pm\sqrt{(-4)^2-4\times2\times(-1)}}{2\times2}=\dfrac{4\pm\sqrt{24}}{4}=\dfrac{4\pm2\sqrt{6}}{4}=\dfrac{2\pm\sqrt{6}}{2}$である。点Pは放物線$y=x^2$上の点Aと点Bの間にあることより，$-2<t<3$だから，$t=\dfrac{2\pm\sqrt{6}}{2}$である。

図２

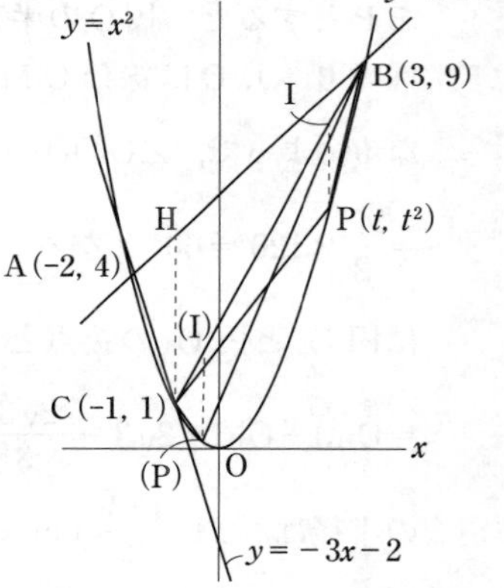

## 国語解答

一 ① とうげ ② げんまい
③ おだく ④ りだつ ⑤ おか

二 ① 始動 ② 瞬時 ③ 獲物
④ 蓄 ⑤ 興味本位

三 問一 エ 問二 胸 問三 ウ
問四 B…カ C…ア D…ウ E…エ
問五 いま勝手に
問六 Ⅰ 選ばせるような Ⅱ 態度
Ⅲ 縛られて
問七 清司と一緒に船でアメリカに渡ること。
問八 自分の好き
問九 今というものに辛抱できず，どこかへ行ってしまいたいという気持ち。(32字)
問十 イ 問十一 ウ
問十二 ［生徒］D

四 問一 A…エ B…イ C…ア
問二 正邪という観点で人間を裁断すること
問三 イ 問四 天才
問五 天賦の才と～発見できる［ということ。］
問六 親しい仲間
問七 渥美清という俳優の人格
問八 ア 問九 エ
問十 良いものは 問十一 イ

(声の教育社 編集部)

一〔漢字〕
①「峠」は，ここでは，物事の勢いの最も盛んな時期や状態のこと。 ②「玄米」は，もみ殻を取り除いただけの精米していない米のこと。 ③「汚濁」は，よごれてにごること。 ④「離脱」は，ある状態から抜け出すこと。 ⑤「冒(す)」は，障害や困難にたじろがず物事をする，という意味。

二〔漢字〕
①「始動」は，うごきはじめること。 ②「瞬時」は，またたく間，ほんのわずかな時間のこと。 ③「獲物」は，動物などが食物として捕らえるもののこと。 ④音読みは「蓄積」などの「チク」。 ⑤「興味本位」は，おもしろいかどうかを判断基準にすること。

三〔小説の読解〕出典；志水辰夫『旅立ち』(『きのうの空』所収)。

問一＜心情＞「顔がこわばる」は，穏やかであったり柔らかかったりした表情が緊張で固くなる，という意味。清司は，茂が一週間学校に来ずに船に積み込む食料を準備していたことがわかり，しかも食料の中には，「盗品ではないかと思われる品々」も見受けられたため，驚き戸惑ったのである。

問二＜慣用句＞「胸を張る」は，胸をそらせて，自信のある様子をする，という意味。茂は，自分が集めた食料の量には自信があり，「ふたりで三か月は大丈夫や」と言った(…前)。「胸がすっとする」は，心配などがなくなって，気分がよくなる，という意味。清司は，海が好きで，「潮の匂いを嗅ぐ」と気分がよくなるのであった(…後)。

問三＜文章内容＞「ふたりで力合わせたら，なんでもできる思わへんか」と自信を見せる茂に，清司は，同意したい気持ちはあるものの，同時に，「おふくろを捨てて，おれひとりがどっか行く気」にはなれないとも思っていたため，茂に曖昧な反応を返した。

問四＜表現＞B．清司は「考え考え」話したため，低く小さい声で話すこととなった。 C．茂が投げた岩は，「回って落ちて」いった。 D．向こう岸の森は，「風が吹いた」ことで，葉や枝が触れ合う音を立てた。 E．茂は，二十キロもの荷物を背負って，「にぎやかに」やってきた。

**問五＜文章内容＞**清司は，船でアメリカに渡る準備ができたと茂に言われたとき，その場ではすぐに返事ができなかった。後に，清司は，かつて母に「自分の気持ちを取るか，子どものおれを取るか」で自分を選ばせたという自覚があるため，「いま勝手におふくろを捨てて，おれひとりがどっか行く気」にはなれないと茂に伝えた。

**問六＜文章内容＞**清司は，かつて母が「自分の気持ちを取るか，子どものおれを取るか」で迷っていたときに，何も言わなかったものの，「態度」で自分を「選ばせるようなことをした」という自覚があり，「それがずっと頭に残って」いた(…Ⅰ・Ⅱ)。母を悲しませるようなことはできないと考えることは，「おふくろに縛られてる」ともいえるのだが(…Ⅲ)，それも自業自得だと清司は感じているのである。

**問七＜文章内容＞**茂は，一人で船を整備し，「ふたりで三か月は大丈夫」と思われるほどの食料も用意し，準備が整ったので「おまちどうさん」と清司に伝えた。茂は，清司が自分と一緒に「アメリカへ渡る」旅に出てくれるものと思い込んでいたのである。

**問八＜文章内容＞**茂は，自分が父が生きていると思うことで「自分を納得」させているように，母も，漁に出て行方不明になった父のことを「自分の好きなようにして，最後はうちから逃げよった」と思わないと「つらい」のではないかと考えた。

**問九＜文章内容＞**茂は，父の気持ちを「ほんまにどっかへ行きたかった」のであり，「いまというもんに，辛抱できんようになってしもうたんやないか」と想像していた。そして，「いまのわい」も同様の気持ちであるため，アメリカへの旅に「ひとりでも行く」のだと語った。

**問十＜心情＞**清司は，整然と準備された船倉を見て，茂が旅立ってしまうことが現実だと実感し，今は遅刻しているだけの茂が，これからはいないということを強く意識したのである。

**問十一＜表現＞**暗い海面と強い月の光の間で，船がゆっくりと進み，だんだん遠ざかって，「すべてのものが影のなかに塗り込められ」ていく様子がていねいに描かれることで，茂との別れが決定的なものとなった清司の孤独が表現されている。

**問十二＜表現＞**一週間学校を休んで船出の準備をしていた茂は，「弱々しさ」をなくして「精悍な顔つき」をするようになっており，清司は茂を，「どう見ても中学生の顔ではなかった」と感じた(A…○)。一方で，船でアメリカに渡ると語る茂の顔は，ひげが生えていながら「ニキビひとつ出て」おらず，清司は，小学生のようにあどけない茂の顔に「自信と脆さ，強がりと弱さ」といった相反する要素を読み取り，「ちぐはぐ」な印象を持った(B…○)。「おとうが生きてるなんて，本気で思うてるわけやない」という本心を口にするのに，決心が必要だったのか，岩のかけらを取ろうとする茂の指先には「力がこもって」いた(C…○)。「ひとりでも行く」と告げた茂の「吹き出物がひとつできていた」笑顔には，さびしさや強がりはなさそうであり，かつての「ニキビひとつ出ていない」茂の顔には見られなかった強い決意があると，清司は感じた(D…×)。

**四**〔**随筆の読解―芸術・文学・言語学的分野―芸術**〕出典；山田洋次『映画をつくる』。

**≪本文の概要≫**渥美清は，他人の悪口を言わない。正邪を見きわめる目は持っているが，正邪で人を裁断することに慎重である。また渥美清は，「俳優は人間をうつす鏡のような存在だ」という言葉どおりの俳優である。だから，渥美清の表現に対しては，同じ表現でも笑う観客もいれば，涙する観客もいる。そして，渥美清は，いつまでも大衆に親しみを込めて思われる俳優であり，彼もまた愛してくれる観客を裏切らない。映画をつくるにあたって，彼は，人のためということが己のためであり，自分のためということは観客のためであるというような人で，観客にその人格を理解されている人である。コツコツと働いている人たちを喜ばせるのは難しく，そのために人生をかけた努力をすることは尊い。芸術とは，その努力のずっと先の方にあって，人に心を開かせ，気持ちをのびやかにときほぐすものではないか。「芸術とは人を楽しませることだ」という言葉が思い出される。

問一＜接続語＞A．渥美清という人は，「けっして他人の悪口」を言わないが，言うまでもなく，正邪を「きびしく見わける眼は人並み以上にもって」いる。　B．「私たち」が渥美清の前で「ある男についての悪口をいう」と，渥美清は「その男についてのちょっとしたエピソード」を語る。　C．渥美清が語る「その男」についての「エピソード」もしくは「観察」によって，「私たち」は「その男についての見方をふと変えさせられる」のである。

問二＜文章内容＞「平面的」は，物事の表面だけで判断するさま。「私たち」が悪口を言った人物について，渥美清が「ちょっとしたエピソード」を語ることで，「私たち」は「平面的」な人間の見方，つまり「正邪という観点で人間を裁断すること」に対して，渥美清から「やんわりたしなめられたような気持ち」になる。

問三＜心情＞観客は，渥美清の演技の中に，自分あるいは自分のよく知っている友人を発見し，まさしくそのとおりだと思って笑ってしまうのである。

問四＜文章内容＞渥美清は，「ありとあらゆる人間の，さまざまな感情を鏡のようにうつしだしていく」という点で，「つねに誰かに似ている」といえる。しかし，誰も渥美清のように演ずることはできないのであり，誰も渥美清には似ていないともいえる。この二つの意味で，「渥美清という人はまさしく天才」なのである。

問五＜文章内容＞森川信の演技について，渥美清が即座に「天賦の才です」と言ったことから，「私」は，志賀直哉の芸術に対して芥川龍之介が「天賦の才です」と言ったことを思い出し，「天賦の才というものは，天賦の才ある人によってのみ発見できるのではないか」と思った。

問六＜文章内容＞渥美清は「いつまでも大衆に親しみをこめて思われている俳優」であり，観客は，渥美清を「平凡で身近な面白い，楽しい人」だと考える。渥美清は，観客と「親しい仲間」であり続ける人なのである。

問七＜指示語＞寅さんに「悪口をいわれた当の労働者の観客たち」が「大喜びをする」のは「観客が渥美清という俳優の人格をよく理解しているから」であり，観客におもねって「観客に笑ってもらおうとする芸人」と本質的に違うものが，「渥美清という俳優の人格」にはあるのである。

問八＜文章内容＞「本来あまり上等でない頭の持ち主」や「すこしでも他人より偉くみられたいと考えている神経を病んだインテリ」は，「観客におもねって，お世辞をいって笑ってもらおうという精神」を持った芸や作品の対象であり，おもねりやお世辞に気をよくして簡単に笑ってくれる人たちである。

問九＜慣用句＞「その手の作品」と「この手の品」の「手」は，ある種類に属するもの，という意味。「いつもの手」の「手」は，手段・方法のこと。「手が足りない」の「手」は，労働力のこと。「手の者」の「手」は，支配下，という意味。

問十＜文章内容＞「私」は，「コツコツと一生働いて暮らす人たちを笑わせ，喜ばせ」ようと努力する先に，芸術が生まれるのではないかと考えており，芸術は「心を開かせるもの」であり，「とても当たりまえ」の，「誰にでもわかる」ものだと思っている。

問十一＜文章内容＞「私」は，寅さんが雲や川の水を眺める姿を見ることによって，観客の誰もが，心を開いて寅さんの感情を追体験できるような映画をつくりたいと思っている。

# 2022年度 日本学園高等学校（第１回）

**【英　語】**（50分）〈満点：100点〉

**Ⅰ** 各組の語で、下線部の発音が異なるものを１つ選び、記号で答えよ。

1. ア　enou<u>gh</u>　イ　fli<u>gh</u>t　ウ　ni<u>gh</u>t　エ　ei<u>gh</u>t
2. ア　t<u>i</u>red　イ　s<u>i</u>lent　ウ　sh<u>i</u>ne　エ　m<u>i</u>rror
3. ア　sh<u>oo</u>t　イ　ch<u>oo</u>se　ウ　bl<u>oo</u>d　エ　m<u>oo</u>n
4. ア　help<u>ed</u>　イ　ask<u>ed</u>　ウ　wash<u>ed</u>　エ　invit<u>ed</u>

**Ⅱ** 各組の語で、最も強く発音する位置が他と異なるものを１つ選び、記号で答えよ。

1. ア of - fice　イ text - book　ウ hus - band　エ po - lice
2. ア won - der - ful　イ im - por - tant　ウ dif - fer - ent　エ pop - u - lar
3. ア com - pa - ny　イ In - ter - net　ウ mag - a - zine　エ ex - er - cise

**Ⅲ** CとDの関係がAとBの関係と同じになるように、Dの空欄に入る適切な語を答えよ。

| | A | B | C | D |
|---|---|---|---|---|
| 1 | six | June | seven | |
| 2 | teach | teacher | piano | |
| 3 | big | small | dirty | |
| 4 | America | American | Japan | |

Ⅳ　1～5の（　　　）に入れるのに最も適切なものを１つ選び、記号で答えよ。

1. She can sing (　　　　) than any other student in her class.
ア good　　イ well　　ウ better　　エ best

2. I don't know how (　　　　) this computer.
ア use　　イ used　　ウ using　　エ to use

3. Is English (　　　　) in many countries?
ア speak　　イ spoke　　ウ spoken　　エ to speak

4. The girl (　　　　) on the stage is my sister.
ア dance　　イ danced　　ウ is danced　　エ dancing

5. A: Have you ever (　　　　) to Hawaii?
B: Yes. I went there two years ago.
ア go　　イ going　　ウ be　　エ been

Ⅴ　1～5の日本語の意味を表すように、（　　　）内の語句を並べかえて英文を完成させよ。答えは（　）内のみ記入すること。

1. 話す前に手をあげてください。
Please ( before / hand / you / your / speak / raise ).

2. 私の留守中に、彼が犬の世話をしてくれました。
He took ( my dog / care / while / was / I / of ) away.

3. これが３冊の中で一番おもしろい本です。

This is ( interesting / most / the / the / of / book ) three.

4. 弟にとってこの問題を解決することは難しい。

It is ( my / solve / brother / for / difficult / to ) this problem.

5. あなたは今何時か知っていますか。

Do ( time / you / it / what / is / know ) now?

Ⅵ あなたは外国人の友だちから英語で質問をされました。その質問についてあなたの答えを１文、その理由を２文、それぞれ英語で答えよ。

質問　“ Which do you like better, summer or winter? ”

Ⅶ 水族館のホームページを読み、あとの問いに答えよ。

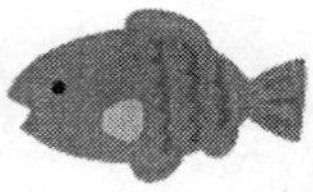

## NICHIGAKU AQUARIUM

**Come and see the sea life in the Nichigaku Aquarium! More than 20 million people have visited us since we opened in 1991.**

PRICE

- ■ Adults (16 years and over)　1,500 yen
- ■ Junior high school students　600 yen
- ■ Children (4 years and over)　300 yen
- ■ Seniors (65 years and over)　1,200 yen

If you live, work, or attend school in the Setagaya area, you will receive a discounted rate (20% off). You should bring...

○ Driver's license or Health insurance card : Residents in the Setagaya area.

○ Health insurance card or Student ID : Students or Workers in the Setagaya area.

※Caution :　(1) Discount tickets are sold only at the aquarium counter.

(2) We cannot offer discounts if you do not have your own cards.

ACCESS

Street Address　〒156-0043　2-7-34 Matsubara, Setagaya-ku, Tokyo

Nearest Stations

◇ Keio Line "Meidaimae Station"・・・　About 5 minutes on foot

◇ Odakyu Line "Gotokuji Station"・・・　About 15 minutes on foot

Restaurant Dolphin

The restaurant floats on water and our building is very unique. You can relax and enjoy light meals and drinks on our beautiful terrace. Our opening hours change according to the season. We are open from 9 to 6 everyday. (We close at 5 in winter.)

Online Booking・・・www.dolphin.com

※ You cannot book on Saturdays, Sundays or national holidays.

1.　質問の答えとして、または英文の続きとして適切なものを1つずつ選び、記号で答えよ。

a) How old is the Nichigaku Aquarium?

ア About 20 years old.　イ About 30 years old.

ウ About 40 years old.　エ About 50 years old.

b) Whose ticket is the most expensive?

ア A 10-year-old boy.

イ A 40-year-old teacher working in Setagaya.

ウ A university student living in Hokkaido.

エ A 70-year-old woman.

c) You can book at Restaurant Dolphin for…

ア Friday.　イ Saturday.

ウ Sunday.　エ New Year's Day.

2. 次の英文のうちホームページの内容に合うものを2つ選び、記号で答えよ。

ア The aquarium has no place to eat, so you should bring lunch.

イ The aquarium is too far from the station to walk to.

ウ You can't buy a discount ticket online.

エ The aquarium is very new, so not so many people have visited it yet.

オ If you are a student in the Setagaya area, you can buy a cheaper ticket.

Ⅷ イースター島に関する英文を読み、あとの問いに答えよ。

1 Our world is full of mysterious places. One example is an island 4,000 kilometers west of South America. It ア( call ) Easter Island. There is no other land for hundreds of kilometers near Easter Island *except for a few イ( small ) islands.

2 There are mysterious things about Easter Island. They are different from any other island in the South Pacific Ocean. It doesn't have any tropical plants or trees or beautiful beaches. The island is mostly grassy fields and has lots of hills and *caves. The island also has no rivers. Other islands in the same area like Hawaii have lots of rivers and plants.

3 How did these statues get there? ①(　　　　) built them? People have tried to answer these questions for a long time. Researchers have found burned wood on the island from 500 AD, so we know people have been on the island for about 1,500 years. Those first people probably came from Hawaii, the ウ( near ) place with a lot of people. When they moved to Easter Island, those first people エ( bring ) everything they needed to live with them.

4 There are more than 800 large statues on the island. Some are just 1 meter tall, while others are over 10 meters tall, about as tall as ②a three-story building! We have one big question : "How were the builders able to find, create, and move such big and heavy statues?" There are no large rocks or mountains on the island. Where did the large stones come from? One of the crazy ideas was that the statues were made and left by creatures from space.

5 Some scientists found the reason why these statues were made. The people on the island made the statues ③to remember their great leaders or ④to respect dead members of their families. However, they still are not sure how the builders made and moved the huge statues.

注： except for～　～以外は　　　　　cave　洞穴

1. ア～エの（　　）内の語を指示に従い適切な形に直せ。ただし、アのみ２語で答えよ。
   ア：受動態　　イ：比較級　　ウ：最上級　　エ：過去形

2. 第２パラグラフ（段落）を参考に、他の南太平洋の島とは異なるイースター島の特徴を１つ日本語で説明せよ。

3. 下線部①の空所に入る疑問詞を１つ選び、記号で答えよ。
   ア　When　　イ　Why　　ウ　Who　　エ　Which

4. 下線部②の story の意味を推測し、日本語に直せ。

5. 下線部③④は同じ用法の不定詞です。２つの不定詞と同じ用法の不定詞を１つ選び、記号で答えよ。
   ア　I want to be a chef.
   イ　I have many things to do.
   ウ　I greet customers to welcome them.

6. 下の英文は本文の途中に入る１つのパラグラフ（段落）です。文の流れを考え、どこにこのパラグラフを入れるのが適切か、その位置を１つ選び、記号で答えよ。

There is another mysterious thing about Easter Island. Actually, it makes Easter Island very famous all over the world. The island has hundreds of huge human shaped statues all over it.

ア　第２パラグラフのあと　　　イ　第３パラグラフのあと
ウ　第４パラグラフのあと　　　エ　第５パラグラフのあと

Ⅸ ２人の人物が自身の職業について話をしています。それぞれの英文を読み、あとの問いに答えよ。

【Jason】

I'm a (　A　), so every day I answer questions, help people with their bags, and serve food and drinks on planes. I also help keep people safe. ①That is a very important part of my job. I like my job because I love to travel. I go to some interesting places, like Spain, Japan, and Australia! There are some things I don't like about my job. I often work on weekends, so I don't see my friends a lot. The planes are usually crowded, too. Most people are nice, but sometimes they aren't friendly.

【Sam】

I work as a (　B　). I do a lot of different things in my job. I spend a lot of time looking at movies. I choose what to use and what not to use. I put the movie together in an office. I really like my job because I work with other people. People think I work alone, but ②it's not true. I work with a team. There are some things I don't like about my job. I work long hours. And the pay is not very good, so it's not easy to save money.

1. (　A　)(　B　)に入る職業をそれぞれ選び、記号で答えよ。

ア film editor　　イ teacher　　ウ doctor

エ tour guide　　オ flight attendant

2. 下線部①②が指している内容をそれぞれ選び、記号で答えよ。

ア　旅行をすること　　イ　映画を見ること

ウ　人々の安全を守ること　　エ　一人で働くこと

3. Jason がその職業を好きだと思っている点を日本語で答えよ。

4. Sam がその職業を好きではないと思っている点を日本語で答えよ。

**【数　学】**（50分）〈満点：100点〉

## 1　次の各問いに答えよ。

(1)　$-3^2-24\div(-2)$ を計算せよ。

(2)　$\dfrac{a-3b}{4}-\dfrac{4a-2b}{3}$ を計算せよ。

(3)　$\dfrac{5-2\sqrt{30}}{\sqrt{5}}+\sqrt{2}\left(\sqrt{32}+\sqrt{12}\right)$ を計算せよ。

(4)　連立方程式 $3x-5y=-y+2x-2=2-4x+7y$ を解け。

(5)　$ax^2-8axy-9ay^2$ を因数分解せよ。

(6)　２次方程式 $2(x-3)^2-5=1$ を解け。

## 2　次の各問いに答えよ。

(1)　等式 $a-1=3(2b+c)$ を $c$ について解け。

(2)　$x=5+2\sqrt{6}$, $y=4\sqrt{6}$ のとき、$x^2-xy$ の値を求めよ。

(3)　弟が歩いて家を出てから15分後に、兄は家を出て自転車で弟を追いかけた。弟の速さが分速50 m、兄の速さが分速200 mであるとき、兄が弟に追いつくのは、兄が家を出てから何分後か。

(4)　$\dfrac{13}{4}<n<\sqrt{85}$ を満たす自然数 $n$ はいくつあるか。

(5)　袋の中に赤玉１個、白玉２個、青玉３個が入っている。この袋から同時に２個の玉を取り出すとき、取り出した玉の色が異なる確率を求めよ。

(6) 図において、線分ABは円Oの直径であり、2点C, Dは円Oの周上の点である。
$\angle BAC = 20^\circ$, $2\overset{\frown}{BC} = \overset{\frown}{DC}$ のとき、$\angle x$ の大きさを求めよ。

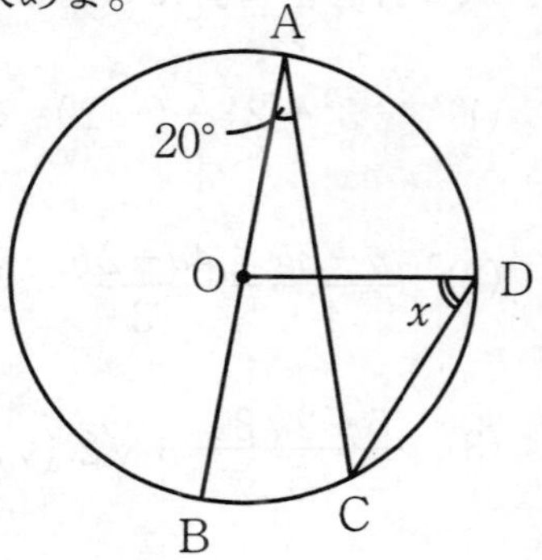


(7) 図は円すいの展開図であり、底面の半径は3 cm、側面のおうぎ形の中心角の大きさが216°である。この円すいの体積を求めよ。

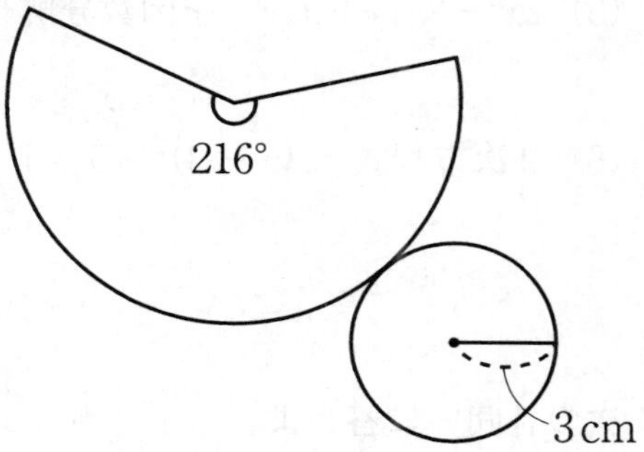


**3** 図のような AB = AC, BC = 4 cm, BD = 10 cm の平行四辺形ABCDがある。辺AD上に AE : ED = 1 : 3 となる点Eをとり、ACとBEの交点をF、ACとBDの交点をGとする。このとき、次の各問いに答えよ。

(1) AF : FC を最も簡単な整数で表せ。

(2) FG : GC を最も簡単な整数で表せ。

(3) 三角形BCDの面積を求めよ。

(4) 三角形FBGの面積を求めよ。

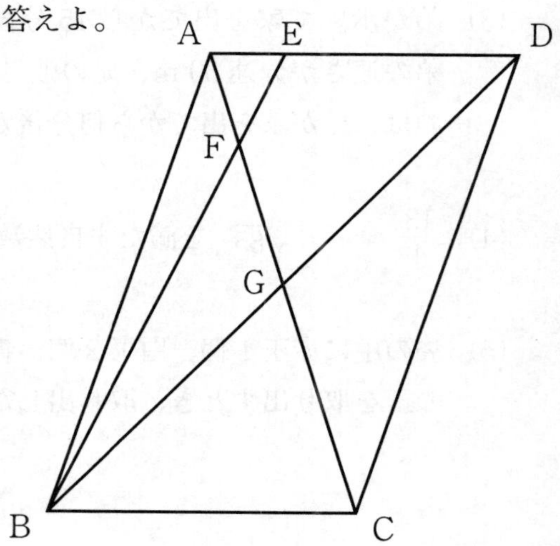

**4** あるキャンプ場に、12 組の家族が来場した。これらの家族は、大人が 2 人で子どもが 1 人の 3 人家族、または大人が 2 人で子どもが 2 人の 4 人家族であり、合計で 41 人であった。このキャンプ場では、1 つのかまどにつき 3 人までの利用制限をしているため、3 人家族は 1 つの家族で 1 つのかまどを、4 人家族は 2 人ずつに分かれて 1 つの家族で 2 つのかまどを利用することにした。
このとき、次の各問いに答えよ。

(1) 来場した 3 人家族を $x$ 組、4 人家族を $y$ 組として、連立方程式をつくれ。

(2) 4 人家族は何組来場したか求めよ。

(3) 子ども 1 人の利用料金は大人 1 人の利用料金の半額とし、大人 1 人の利用料金はかまど 1 つを 3 人で利用するときは $a$ 円、かまど 1 つを 2 人で利用するときは $b$ 円とする。このとき、次の各問いに答えよ。

① 3 人家族の 1 組分の利用料金を、$a$ を用いて表せ。

② 12 組の家族の利用料金の合計が 21750 円で、$a : b = 4 : 5$ のとき、$b$ の値を求めよ。

**5** 図のように、傾きが $-\frac{1}{2}$ である直線 $l$ と放物線 $y=\frac{1}{2}x^2$ の交点のうち、$x$ 座標が4である点をAとする。放物線上の原点Oと点Aの間に点Pを、$x$ 軸上に点Qと点Rを、直線 $l$ 上に点Sを、四角形PQRSが長方形になるようにとる。
点Pの $x$ 座標を $a$ として、次の各問いに答えよ。

(1) 直線 $l$ の式を求めよ。

(2) $a=2$ のとき、点Sの座標を求めよ。

(3) 四角形PQRSが正方形となるとき、$a$ の値を求めよ。

(4) (3)のとき、原点を通り四角形PQRSの面積を2等分する直線の式を求めよ。

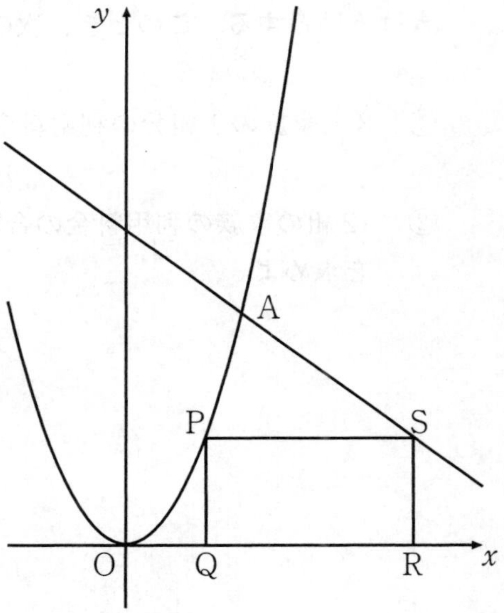

問九　波線部a～eの表現には筆者のどのような意図が表れているか。それを説明した次の中から、**適切でないもの**を一つ選び、記号で答えよ。

ア　aの「まだ平和な話です」という表現は、ことがらがそこまで重大でないということを表している。

イ　bの「いいですか」という表現は、二つの語句の意味を明示してその違いを明らかにすることを読み手に伝える働きをしている。

ウ　c「われわれ」d「きみたち」という表現には、アメリカ人やフランス人にとっての憲法と日本人にとっての憲法のそれぞれの成り立ちが違うことが表れている。

エ　eの「政府の偉いさん」という表現には、国を統治する側の人々への尊敬の念が表れている。

問十　傍線部⑥「このように、自分が知らず知らずのうちに組み込まれている考え方のシステムに気づくきっかけとなるものなんです」とあるが、どういうことか。次の中から最も適切なものを選び、記号で答えよ。

ア　私たちが国民という言葉を大切にし、その言葉の尊さについて考えることで、かつて臣民という言葉によって政府に従わされていた生き方や考え方から自由になれるということ。

イ　私たちにとって国民という言葉は耳慣れた言葉であるが、その意味を深く考えることで、天皇が国民であるのかないのかという日本人にとって根本的な問題に気づくことができるということ。

ウ　私たちが使っている国民という言葉は外国語に訳しても当てはまる語句がないが、日本固有の意味を考えることで、天皇が無上の存在であるということに気づくことができるということ。

エ　私たちは国民という言葉を当たり前のように使っているが、外国語と比較し、また語句が成立した経緯を振り返ることで、その言葉が人々を統治する目的で作られたという事実に気づくということ。

問十一　この文章の内容について国語の授業で話し合いをしたところ、ある生徒が他の例を思いついて発言した。それに対するA～Dの生徒の意見として、この文章の主旨に合致している意見には○を、合致していない意見には×を答えよ。

**ある生徒「確かに英語のbrotherやsisterは、年齢の上下を問わない表現だよね。」**

**生徒A**「日本語では兄弟、姉妹でそれぞれ言葉があって、これは年齢の上下を重んじる日本人の考え方が表れているのではないかな。」

**生徒B**「ということは、物事を細かく考えている点で日本語は正しいね。」

**生徒C**「むしろ年齢の上下にこだわらない人々の態度が表れている点で、英語のほうが優れていると思うよ。」

**生徒D**「いずれにしても、英語と日本語を比べることで、自分たちが意識していない物事のとらえ方に気づくことができるね。」

問一　傍線部①「ない」と同じ意味のものを次の中から選び、記号で答えよ。

ア　二度とそんなあぶない行為をするな。
イ　あいさつもしないで失礼なやつだ。
ウ　それは物知りの彼でも知らないだろう。
エ　努力せずに手に入る幸福など始めからない。

問二　傍線部②「母語を相対化し、自分の思考を相対化することができれば、それが外国語を学ぶ大きなメリットなのです」とあるが、どういうことか。それを説明した次の文のⅠ～Ⅲの（　）に当てはまる語句をそれぞれ指定された字数で文中からさがし、抜き出して答えよ。

> 外国語を学ぶことを通じて、生まれた環境で身につけた言語の概念や（　Ⅰ　6字　）を見つめ直すことで、ものを考える際の（　Ⅱ　5字　）や、（　Ⅲ　6字　）が高まるということ。

問三　傍線部③「言語はそれぞれ異なります……」とあるが、このような様子を表している四字熟語としてふさわしいものを次の語群から選び、漢字に直して答えなさい。

ダイドウショウイ　　イクドウオン
シヨウマッセツ　　センサバンベツ

問四　［A］～［D］に当てはまる語句として最も適切なものを次の中からそれぞれ選び、記号で答えよ。

ア　たとえば　　イ　あるいは　　ウ　だから
エ　でも　　オ　つまり

問五　傍線部④「『水』＝『water』なのではない」とあるが、なぜか、その理由を文中の語句を使って、わかりやすく説明せよ。

問六　［E］・［F］に当てはまる語句の組み合わせとして最も適切なものを次の中から選び、記号で答えよ。

ア　E　サル　　F　ヒト
イ　E　ヒト　　F　サル
ウ　E　タマゴ　　F　ニワトリ
エ　E　ニワトリ　　F　タマゴ

問七　傍線部⑤「実は、明治政府による造語です」とあるが、明治政府が「臣民」という語句を造ったのはどういった理由からか。文章中の語句を用いて五十五字以内で説明せよ。

問八　この文章には次の文が欠けている。補うとすれば文章中の【a】～【e】のうちどこが最も適切か。記号で答えよ。

> さっきの「水」と「water」みたいになっている。

英語だと、peopleである。

「臣」は、王侯に仕える役人のこと。中国では、人民を統治する役割だった。

中国語では、「臣」と「民」は相反するもので、一緒にすることはないのですが、それをくっつけて「臣民」という言葉をつくった。なぜひとまとめにしたかというと、「天皇に従う」という関係をはっきりさせるため。帝国憲法は、天皇を主権者と定めている。そもそも憲法がある前から、天皇は日本を統治していた。人びと（臣民）は、それに従っていた。そういうストーリーが必要だったからです。

人民は、国をつくる。王様なんかいなくても。国をつくると決め、必要なら独立戦争や市民革命を戦って、憲法を制定する。そこには、c「われわれ人民は、これから国をつくります」と書いてある。その国にいる人間はすべて、人民。さきほどのべた通りだ。

臣民は、違う。臣民＋天皇、で国である。臣民だけでは、国をつくることができない。よって臣民は、国の主人公でも主権者でもない。天皇がいなければ、何もできない。dきみたちはおとなしく、天皇に従っていなさい。そして、e天皇のもとで働く政府の偉いさんに従っていなさい。きみたちは、人民と違うのだから。これが、帝国憲法が言っていることです。【a】

天皇こそが無上の存在であり、その前に「臣民」が平伏《へいふく》している。「臣民」には、政府の役人（統治する側）も一般の人びと（統治される側）もいるわけだが、そのことに文句を言わない。こういう国の成り立ちを語っているのが、「臣民」という言葉なんです。【b】

さてこの「臣民」という言葉は、江戸時代まで存在しなかった。それが急に思いつかれたのは、英語でいう「subject」から来ている。「subject」は辞書をみると、「主題」「対象」「臣下」などいろいろ意味がある。ここでは「臣下」、王様の命令を聞いて、統治される人びと、という意味ですね。【c】

日本語に、これにちょうどあたる言葉がなかった。そこで、「subject」を「臣民」と訳すのだ、ということにしたのです。こういうわけで、「臣民」を逆に、英語に訳そうとすると、あてはまる単語がない。【d】

戦後、「臣民」という言葉はなしにして、「国民」という言葉に置き換えた。「国民は主権者です」という文章も、書き加えた。でも日本国憲法をみると、第一条から第八条までは天皇の規定が書いてあり、「国民統合の象徴」ということになっている。天皇は、国民の一人なのか国民でないのか、あいまいです。それは、天皇は「臣民」ではなかったことが、尾をひいているのです。【e】

このように、「臣民」という言葉のルーツをたどると、天皇をふつうの人間を超えた存在としてまつり上げようとした明治政府の意図に気づくことができる。すると、「臣民」→「国民」という日本語につきまとう、思考の枠組みから自由になれる。

言葉を大切にし、言葉のことを考え、言葉が表す概念や思考を相対化するとは、⑥このように、自分が知らず知らずのうちに組み込まれている考え方のシステムに気づくきっかけとなるものなんです。

（橋爪大三郎『人間にとって教養とはなにか』より）

注　※1　概念…その語句が意味し表すもの。

日本語では、水を熱したものを「熱い水」とはいわない。「お湯」という。「お湯」でないものが、「水」。 D 、日本語の「水」の概念には、「熱くない（常温冷温）」という意味が含まれている。

これは、英語の「water」とずれている。熱い水は、「hot water」。「water」は冷たかろうと熱かろうと「water」なのだ。

ということは、④「水」＝「water」なのではないのです。

「水」と「water」ならば[a]まだ平和な話です。へえ、そうなんだ、ですむ。しかし、言語と言語の間には「概念の違い」があるという前提を意識して外国語に接してみると、これまで見過ごしていた重大なことがらに気づくことがあります。

その代表格は、私が思うに、「国民」という言葉です。

じつは英語に、「国民」をさす単語がありません。フランス語にもドイツ語にもない。

アメリカ合衆国憲法の前文を見てみます。

冒頭、日本国憲法でいう「前文 日本国民は」のところには、「We the People of the United States」とある。「People」だから「人びと」。いや、もっとはっきり「人民」を意味する。訳すると「われわれアメリカ合衆国の人民は」と書いてある。

「国民は」ではないのです。

アメリカ合衆国憲法にかぎらず、フランス共和国憲法は「Le peuple francais（フランスの人民）」、ドイツ連邦共和国基本法では「das Deutsche Volk（ドイツの人びと）」と書いてある。

主権者なのは「人民」であって、「国民」ではない。どの言語にも、そもそも「国民」という概念がない。これは、大事な点です。

「人民」と「国民」は違う。[b]いいですか。「人民」は、国家があろうとなかろうと、「人民」。だから、「われわれ人民は、国家を造りました」と言うことができる。これは、ロックやルソーなどの思想家が唱えた「人民主権」の思想の基本。近代国家を支える基本概念です。けれども「国民」は、国家がなければ、「国民」でない。国家に依存している存在です。

日本国憲法は、外国の憲法を真似して、外国の憲法と同じことを言おうとし、「われわれ国民は、主権者で、日本国を造りました」みたいな文章をつくった。でもこれは、「われわれ E は、主権者で、 F を造りました」みたいな、非論理な循環論になってしまっている。だから日本語で憲法を読んでも、憲法のことがよくわからないのです。

（中略）

こう考えてみると、小学校や中学校で習った「国民主権」という言葉も、ほんとうに理解するのはむずかしいです。

国民に主権があるのなら、国民は国家の上位概念であるはずだ。

でも、「国民」という言葉は、その成り立ちからして、「まず国があった」という考え方である。

国が先か、国民が先か、わけがわからない。

じゃあどうして、こんなおかしな言葉が憲法に記されることになったのか。

それを明らかにするには、明治時代にまでさかのぼる必要があります。

明治維新のあと日本は、近代国家にならねばと、大日本帝国憲法（帝国憲法）を制定した。この憲法には、「臣民」という言葉が頻出する。

「臣民」は、「臣」＋「民」。⑤実は、明治政府による造語です。民はまあ、わかりやすい。人民、つまりふつうの人びとのことですね。

一緒に暮らしていくんじゃないかな。」
生徒Ｄ「薫は、太陽のように笑う母を見るため、再び母を笑わせ続ける意志があると思うよ。」

**四** 次の文章を読んで、あとの問いに答えよ。

生まれたばかりの人間は、言葉を何も知りません。言語は生まれつきのものではなく、あとから身につけるもの。つまり後天的だ。英語の環境で育てば英語を身につけるし、日本語の環境で育てば、日本語を身につける。スワヒリ語の環境で育てば、スワヒリ語を身につける。

（中略）

英語を身につけたひとは英語でものを考えるし、日本語を身につけたひとは日本語でものを考える。スワヒリ語を身につけたひとはスワヒリ語でものを考える。こうして、意識しなくても、母語の思考の枠組みができあがる。

そこで、外国語を学ぶことのポイントは、母語とは違うもうひとつの思考の枠組みを頭の中に組み立てる、ということなのです。

日本語しか知らなければ、日本語の思考の枠組みが絶対になってしまう。日本語の概念※1を組み合わせて、ものを考えるしか①ない。ところが少しでも外国語に触れると、その外国語の思考の枠組みを通して、母語の思考の枠組みを見直すことができる。英語にはこんな概念があるんだな、と知ることができる。日本語の概念は、こうなっているな、と考えることもできる。これがまさに、思考の相対化です。母語の思考の枠組みからちょっと解放されてものを考える、頭の自由度。思考の柔軟性が高まる、と言ってもいい。

何も外国語をすらすら話せるようにならなくても、②母語を相対化し、自分の思考を相対化することができれば、それが外国語を学ぶ大きなメリットなのです。

思考の枠組みは、それぞれの言語で異なります。

どの言語が正しいか、という問題ではない。どの言語も相対的、つまり、さまざまな思考の枠組みのなかのひとつだ、ということに過ぎません。

（中略）

③言語はそれぞれ異なります。発音が違う。単語が違う。文法が違う。使っている文字だって違うかもしれない。

英語など、多くのヨーロッパ諸国の言語は、ローマ字のアルファベットを用いる。日本語は、「ひらがな」「カタカナ」「漢字」を用いる。それ以外にもアラビア文字やキリル文字など、じつに多様です。

［Ａ］外国語を学ぶには、まず、その言語の音の体系（日本語でいう「五十音」に当たるもの）から覚えなくてはいけない。

［Ｂ］本当に大事なのは、こうした違いではありません。言葉の表す「概念」が言語によって異なる。この点こそが重要なのでした。

日本語と英語を比べてみます。

［Ｃ］、日本語の「水」を、英語で「water」というと習う。じゃあ「お湯」は英語で何というか。「hot water」だ。おや、と思いませんか？

からさがし、抜き出して答えよ。

> 母の新しい人生を応援したいと思いつつ、今までなんとか抑え込んできた（Ⅰ　９字）のような薫の（Ⅱ　９字）哀しみを整理できずに、心に引っかかりがある状態。

問七　傍線部⑤「どうしても、母の顔をまっすぐに見ることができない」とあるが、それはなぜか。その説明として最も適切なものを次の中から選び、記号で答えよ。

ア　日本に帰ったら母ともう二度と会えないかもしれないと考えると、このうえない寂しさが込み上げてきたから。

イ　再婚を考え、父親のことをないがしろにしていると言わざるを得ない母の態度を見て、憤りを覚えているから。

ウ　新しい生活が始まることに期待はしているが、母の結婚について考えることが照れくさい気がするから。

エ　母が再婚して新しい生活が始まる中で、母にとっての自分の存在感が薄らいでいくことをおそれているから。

問八　傍線部⑥「母は他人事《ひとごと》みたいにそう言いながら」とあるが、ここからどのようなことが読み取れるか。その説明として最も適切なものを次の中から選び、記号で答えよ。

ア　正喜への気持ちにしっかりと整理をつけて、新たな生活に対する覚悟を持っているということ。

イ　正喜を失った哀しみは非常に深いものであり、当事者としてその事実を語ることは難しいということ。

ウ　年月が経って、正喜に対する感情も薄れていき、もはや他人のように感じていたということ。

エ　新しい生活を送ることを決意したため、薫とはもう事実上他人同然になってしまうということ。

問九　傍線部⑦「何か壊せる物があったら、僕は今すぐそれを手に取って、思いきり床に叩きつけたかった」とあるが、この時の薫の気持ちを六十五字程度で説明しなさい。

問十　傍線部⑧「幼い頃のあの努力」とあるが、この努力を端的に述べている部分を「〜こと」につながるように十五字で抜き出しなさい。

問十一　傍線部⑨「僕は、母の瞳をしっかりと見て言った」について国語の授業内で話し合いがなされた。次はその内容である。Ａ〜Ｄの生徒の中で適切な読みをしているものを選び、記号で答えよ。

**先生「この一文の前後からは、薫のどのような心情が読み取れますか。意見を出してみましょう。」**

> **生徒Ａ**「薫は母の急な告白に驚いたものの、母親の新しい生活を後押しするため、強い気持ちを持とうとしているね。」
>
> **生徒Ｂ**「涙を流しながらも母親との別れを決意した薫は、自立していく覚悟をしていると思う。」
>
> **生徒Ｃ**「母の哀しみに寄り添っていくために、薫は新しい父親と

問一　二重傍線部a「早退」・b「無限」と熟語の成り立ちが同じものを次の中からそれぞれ選び、記号で答えよ。

ア　人造　　イ　未開　　ウ　行進
エ　原発　　オ　着席　　カ　再起

問二　[A]～[D]に当てはまる語句として適切なものを次の中からそれぞれ選び、記号で答えよ。

ア　はっきりと　　イ　十分に　　ウ　ずっと
エ　かすかに　　オ　これっぽっち　　カ　少しは

問三　傍線部①「これ以上、抵抗するのはやめよう」とあるが、どういうことか。その説明として最も適切なものを次の中から選び、記号で答えよ。

ア　いつも厳しく叱ってくる母に対して、時々仮病を使って学校を休んでさぼっていたが、しっかり学校へ行こうと思い直したこと。
イ　父が死んだことで哀しみを抱えて生きている母に対して、心の底から笑わせることで、何とかその哀しみを無くそうとすること。
ウ　母の若かりし頃が映っている画面を見ることはのぞき見をするようで良くないと思い、我慢していたが、勇気を出して部屋に入ろうと決心したこと。
エ　母の哀しみを和らげようと、自分が一生懸命に笑わせようとしていたが、これからは母の哀しみと共に生きていこうと考えたこと。

問四　傍線部②「だんだんおなかが痛くなりそうだった」とあるが、それはなぜか。その説明として最も適切なものを次の中から選び、記号で答えよ。

ア　母の表情を見ていると、母の身に何か良くないことが起きていることが打ち明けられそうで、不安が増していったから。
イ　母の改まった口調と深刻な表情に、またいつもの小言が始まるのかと思い、緊張したから。
ウ　父がいない状況で母も病気になり、これから孤独に生きていかなければいけないことが想像されたから。
エ　母が再婚すると、新たな環境では自分が見捨てられてしまう可能性が出てきてしまうから。

問五　傍線部③「頭の中で、たくさんのブーメランが、乱れ飛んでいる」とはどのような様子をたとえているのか。その説明として最も適切なものを次の中から選び、記号で答えよ。

ア　母に対して攻撃的な言葉を投げつけようかと考えたが、ぎりぎりのところで口にするのをとどめている。
イ　母に対して前から伝えたいと思っていたことが一つあったが、突然の展開にうまく口にできないでいる。
ウ　母の突然の告白に対して伝えたい思いは多くあるが、どれもうまく言葉にできずに混乱している。
エ　言葉として伝えなくても、母とは通じ合っていて、伝えたいことをお互いにそれとなくわかり合っている。

問六　傍線部④「砂が入り込んだみたいに、なんだか胸の奥がざらざらする」とはどういうことか。その説明をした次の文の（　Ⅰ　）・（　Ⅱ　）に当てはまる語句を、それぞれ指定された字数で文章中

「もちろん、嬉しかった。だって、マサキの子どもだもの。望んで望んで、神様に拝み込んで、ようやく授かった命だもの。でも、やっぱりマサキを失った悲しみの方が大きかったの。ママは、薫を抱っこしたりおっぱいを飲ませながら、いっつも泣いてた。薫を見ていると、どうしたってマサキを思い出してしまうから。薫はマサキにそっくりだから」

母にとって、僕の誕生より、正喜さんの死の方が大きかった。うすうす、なんとなくはわかってはいた。でも、今初めて、本人の口からはっきりとそれを聞いた。⑦何か壊せる物があったら、僕は今すぐそれを手に取って、思いきり床に叩きつけたかった。

「だけど、それが逆転したわ」

母が、声のトーンを落としてつぶやく。

「ベルリンに来て、薫と一緒にいろんな所に行って、うまく言えないんだけど、あぁ、私の人生は幸せだわ、ってやっと思えたの。心の底からね。なんとなくママは、人生を楽しむことに、罪悪感を持っていた。マサキに申し訳ないって。でも、そうじゃないことにようやく気づけたの」

（中略）

「ママはもう、マサキと過ごした時間より、薫と一緒にいる時間の方が長いのよ。そんな日が来るなんて、思ってもみなかった。それで、ある人からのプロポーズを受け入れようって、思えたの。だって、ママはこれから先も、生きていかなくちゃいけないから。人は、ひとりじゃ生きていけないってことが、はっきりわかったわ。もちろん、ママには薫がいてくれるけど、親子とは、少し意味が違うのよ」

母の言っていることが、わかるようで、わからない。わからないようで、少しわかる。

「薫、今まで本当にありがとう」

母は急に改まった様子で言った。なんだか母が、遠くに離れてしまうようで心細くなる。

「ママ、薫がいなかったら、絶対に乗り越えられなかったから。ママね、すっごく嬉しかったの」

「何が？」

「だって薫、ママのこと、いっぱい笑わせてくれたでしょう」

「覚えてるの？」

僕はずっと、あれは人生の失敗談だと思っていた。

「当たり前じゃない。毎日毎日、今日はどんなことして笑わせてくれるんだろうって、家に帰るのが楽しみだったんだから」

⑧幼い頃のあの努力は、無駄ではなかったのだ。そう思ったら、僕の中に降り積もった哀しみが、ほんの少し溶けたような気がした。

「僕さ」

⑨僕は、母の瞳をしっかりと見て言った。母の顔が、ゆらゆらとかすんで見える。こんな時に、どうして涙が込みあげてくるのだろう。わからなかったけど、僕は母から目を逸《そ》らさずに続けた。

「母さんが幸せになるのを、応援するよ」

その瞬間、母がにっこり笑う。太陽のように。いや、母は太陽そのものだった。

ベルリンで過ごす時間は、あと一日残っている。

（小川糸『僕の太陽』より）

注　※1　マダム…ホテルの従業員。

※2　昨日の話…昨晩、母が生前の正喜について薫に語ったことを示す。

「驚いた？」
　母が、茶色いパンにバターをたっぷり塗りながら、強い目で僕を見る。母の目の周りに、昨日の夜のような赤い雲の広がりはない。母は、僕の言葉を待っている。でも、何も言い出せなかった。③頭の中で、たくさんのブーメランが、乱れ飛んでいる。
　僕は、まるで母の発言がなかったかのように、スクランブルエッグを口に詰め込んだ。味がしないのは気のせいだろうか。④砂が入り込んだみたいに、なんだか胸の奥がざらざらする。母の新しい人生を素直に喜ぶことができない自分にますますむかつき、僕は味のしないスクランブルエッグを食べ続けた。
　僕の体と心に蓄積されたこの哀しみは、どうなってしまうのだ。得体の知れない怪物のようなそれを、なんとか飼《か》い馴《な》らし、ようやくここまで辿《たど》り着いたというのに。哀しみは時間をかけて降り積もり、今では地層のように固まって、すっかり僕を支配している。僕に残されたそれは、どうなってしまうというのだ。
　けれど僕は、自分の哀しみの存在を、母に正直に打ち明けることが、どうしてもできなかった。結局はまた、正喜さんを利用してしまう。
「正喜さんは？　正喜さんはどうなっちゃうの？」
　僕がそれを言ったのは、大量のスクランブルエッグを全部平らげ、ヨーグルトの中にはちみつをこぼしている時だ。
「マサキはもう、いないもの」
　目の前の母は、目じりにたくさんの皺《しわ》を作って微笑《ほほえ》んだ。目じりに深く刻まれた皺が、乾いた大地に跡を残す川のように見えてくる。この幾筋《いくすじ》もの川を伝って、母の涙は海に流れた。目の前にいる母は、頬がこけ、年相応に疲れている。

「忘れちゃったの？」
　少しして、僕は聞いた。⑤どうしても、母の顔をまっすぐに見ることができない。新しい人生とやらに、僕自身は含まれるのだろうか。
「忘れるわけないじゃない。でも、もうこの世界にはいないんだってことが、今回の旅行で、ママ、やっとわかったの。触ったり、手をつないだりすることは、もう二度とできないんだって。それまでは、いつかマサキが帰ってくるような気がしてたんだけど。だからずっと、お墓にも行けなかったのね」
　⑥母は他人事《ひとごと》みたいにそう言いながら、マダムが注ぎ足してくれたコーヒーに口をつける。
「あの時、私もマサキも必死だった。頭が混乱して気を失いそうだった私の手を握って、がんばれ、がんばれ、って応援してくれた。頭から血を流しているのに、それでも自分のことより、妻と子の身を案じてくれたの。ママは本当に気がおかしくなりそうだった。だって、最愛の人が息もたえだえになっているのに、なんにも助けることができなかったんだもの。新しい命は、今まさに誕生しようとしているし。その時に、人生に与えられたエネルギーを、全部使い果たしてしまったのよ」
　十三年経って、母は初めてその時の話をした。その意味の大きさを、僕はちっぽけな頭で必死に考える。そしてようやく、ひとつの質問へと辿り着いた。
「ママは嬉《うれ》しかった？　僕が生まれた時。それとも、悲しかった？　正直に答えて」
　こんな切羽《せっぱ》詰まった会話を母と交わすことなんて、今までなかった。でも僕は、母の本当の気持ちが知りたかった。もしかすると、ずっと知りたかったのかもしれない。

を、こんなふうに楽しませたり、笑わせたりできない。母を幸せにできるのは、正喜さんしかいない。そう思った。

　僕はなぜだかわからないけど、その映像を見ているだけで、涙が出てきた。目にゴミが入ったみたいに、全然止められなくなった。

　画面を食い入るように見ている母も、泣いていた。口に布巾《ふきん》みたいな布をくわえて、肩を震わせて泣いている。とてもじゃないけど、母に声をかけることなどできなかった。その世界に、僕が入り込む隙間など、［C］残されていなかった。

　その時に、僕は決めたのだ。①これ以上、抵抗するのはやめよう、と。それまで僕は必死になって道化役を演じてきたけれど、それはかなわぬ夢だと知った。僕がどんなにあがいても背伸びをしても、正喜さんにはなれない。そのことが、はっきりしたから。

　そしてこれからは、母の哀しみにとことんまで付き合おうと決めたのだ。もしも母が泣いていたら、無理に泣き止ませようとするのではなく、僕も哀しいことを想像して、一緒に涙を流す。母が死んでしまうことを想像すれば、いつだって涙はb無限にじゃぶじゃぶ溢《あふ》れた。目をつぶったままで水道の蛇口をひねるくらい、たやすいことだった。

　その時のことが、映像を見るように［D］脳裏《のうり》に甦《よみがえ》った。あの瞬間から、僕は、生き方を方向転換したのだ。それが、今も続いている。実際やってみると、母を心の底から笑わせようとするよりも、母の哀しみに寄り添うことの方がずっと簡単なことだった。

---

　かつて母が正喜と泊まったというホテルを薫は探し出し、二人でそのホテルに泊まる。

---

以下は、ある朝二人がホテルで朝食を食べている場面である。

---

「薫に、聞いてほしいことがあるの」

　母が少し深刻な表情でそう切り出したのは、※1マダムが作ってくれたスクランブルエッグに、手作りのトマトケチャップをかけている時だ。僕は、※2昨日の話の続きかと思った。でも、そうではなかった。

「ママね」

　母のこんなにも険しい表情を見るのは、久しぶりだ。だから僕は、何かとても大事なことが起こる予兆を瞬時に察知する。もしかして、母が病気とか。しかも、もう治らない病気とか。だから最後に、息子の僕を思い出の地に連れてきてくれたのかもしれない。考えれば考えるほど②だんだんおなかが痛くなりそうだった。でも、このタイミングで席を立つわけにはいかない。仕方なく、黙って次の言葉を待っていると、

「新しい人生を、歩み始めようと思うの」

　母は予想外のことを口にした。けれどその静かな響きには、しっかりとした意志が込められていた。

「新しい人生って?」

　まさか、このままベルリンに残るなんて考えているのだろうか。ここ数日間の母の興奮ぶりを思い出し、僕がそんなことを想像しかけた時、

「ママ、再婚しようと思ってね」

　母は言った。僕の目をまっすぐに見て。母の肩越しに、真っ黒いグランドピアノが見える。あまりに予想外の展開に、僕は言葉を失った。脳味噌《のうみそ》から、脂汗《あぶらあせ》がにじみ出てくる。小学生の頃は、母が誰かと再婚してくれたらいいと願っていた。でも、そんなことは逆立ちをしたってあり得ない、そう思ってあきらめていた。

# 二〇二二年度　日本学園高等学校（第１回）

【国　語】（五〇分）〈満点：一〇〇点〉

## 一
次の傍線部の漢字の読みを答えよ。

① 新しい畳の香りがする。
② ワクチンの開発に執念を燃やす。
③ 一転、柔和な表情を浮かべる。
④ 旬の果物の出荷が最盛期を迎える。
⑤ 両親の期待に背く。

## 二
次の傍線部のカタカナを漢字に直せ。

① 花柄モヨウのシャツを着る。
② 新記録をジュリツする。
③ 人々がまるでマメツブのように見える。
④ 気候も良く土地がよくコえている。
⑤ 修学旅行でメイショキュウセキを訪ねる。

## 三
次の文章を読んで、あとの問いに答えよ。

> 十三歳の薫《かおる》は母と二人で暮らしている。薫の父・窪田正喜《くぼたまさき》は薫が生まれたその日に交通事故で亡くなっていた。母は、以前正喜とともに訪れたドイツのベルリンに行こうと言い出し、旅行することになった。
> ベルリンで、薫は小学生の時のエピソードを回想する。

小学校四年生になったばかりの頃だった。なんとなく学校にいたくなくて仮病《けびょう》を使って早引きして帰ったら、珍しく、家に母がいた。僕らがふたりで暮らしているのは、２ＤＫの古いアパートだ。母は、僕がカギを開けた音に、気づかなかったらしい。部屋をのぞくと、テレビ画面を熱心に見つめる母がいた。

声をかけようかと思って、慌《あわ》てて止《や》めた。嘘をついて学校を早退aしてきたことを咎《とが》められるのが面倒だったからではない。母の見ているテレビ画面に、心を奪われたのだ。はじめは、外国の映画かなと思った。でも違った。画面に映っているのは、紛れもなく、母本人だった。

画面の中の母は、音楽に合わせて踊っているらしい。耳を澄ますと、［Ａ］テンポのよい曲が聞こえてきた。母は、両手をひらひらさせるようにして、子どもみたいにはしゃいでいた。今よりも［Ｂ］髪が短くて、男の子みたいだ。画面には映っていなかったけれど、時々、男の人の声がした。何をしゃべっているのかは聞きとれなかったけど、男の人が何か言うたびに、母は弾《はじ》けるように大きな笑い声を立てていた。

あぁ、これが正喜さんの声なんだ、と僕は心の深い所で納得した。そして僕は、自分は絶対に正喜さんにはかなわないのだと悟った。僕は母

# 2022年度／日本学園高等学校(第１回)

## 英語解答

Ⅰ　1　ア　2　エ　3　ウ　4　エ

Ⅱ　1　エ　2　イ　3　ウ

Ⅲ　1　July　2　pianist　3　clean
4　Japanese

Ⅳ　1　ウ　2　エ　3　ウ　4　エ
5　エ

Ⅴ　1　raise your hand before you speak
2　care of my dog while I was
3　the most interesting book of the
4　difficult for my brother to solve
5　you know what time it is

Ⅵ　答え　(例)I like summer (better).
理由①　(例)I like swimming in the sea.
理由②　(例)Also, I can do many things in the summer vacation.

Ⅶ　1　a)…イ　b)…ウ　c)…ア
2　ウ，オ

Ⅷ　1　ア　is called　イ　smaller
ウ　nearest　エ　brought
2　(例)熱帯の植物がない。／美しいビーチがない。
3　ウ　4　３階建ての建物
5　ウ　6　ア

Ⅸ　1　A…オ　B…ア
2　①…ウ　②…エ
3　(例)たくさん旅行ができる点
4　(例)労働時間が長い点〔長時間労働〕／給料が安いこと〔低賃金〕

（声の教育社　編集部）

Ⅰ〔単語の発音〕

1．ア．enough[f]　イ．flight[黙字]　ウ．night[黙字]　エ．eight[黙字]
2．ア．tired[ai]　イ．silent[ai]　ウ．shine[ai]　エ．mirror[i]
3．ア．shoot[u:]　イ．choose[u:]　ウ．blood[ʌ]　エ．moon[u:]
4．ア．helped[t]　イ．asked[t]　ウ．washed[t]　エ．invited[id]

Ⅱ〔単語のアクセント〕

1．ア．óf-fice　イ．téxt-book　ウ．hús-band　エ．po-líce
2．ア．wón-der-ful　イ．im-pór-tant　ウ．díf-fer-ent　エ．póp-u-lar
3．ア．cóm-pa-ny　イ．ín-ter-net　ウ．mag-a-zíne　エ．éx-er-cise

Ⅲ〔単語の関連知識〕

1．June は「６」番目の月を表す。「７」番目の月にあたるのは July。
2．teacher「先生」は teach「教える」人。piano「ピアノ」を弾く人は pianist「ピアニスト」。
3．big「大きい」と small「小さい」は反対語の関係。dirty「汚れた」の反対語は clean「きれいな」。
4．America「アメリカ」と American「アメリカの，アメリカ人(の)」は，‘国名’と‘その形容詞形またはその国の人’の関係。Japan「日本」の形容詞形または「日本人」は Japanese「日本の，日本人(の)」。

Ⅳ〔適語(句)選択・語形変化〕

1．後ろに than があるので，比較級の文。‘比較級＋than any other＋単数名詞’は「他のどの～より…」と最上級と同様の意味を表す。　「彼女はクラスのどの生徒よりも歌が上手だ」

2．how to ～ で「～する方法」。　「私はこのコンピュータの使い方がわからない」

3．英語は「話される」ものなので受け身形になる。受け身形の疑問文は，‘be動詞＋主語＋過去分詞’の形。　「英語は多くの国で話されていますか」

4．The girl に対する述語動詞は is なので，(　) on the stage は The girl を修飾する部分。「～している女の子」という意味になればよい。「～している」という意味を表すのは現在分詞。現在分詞 dancing で始まる語句が前の名詞 The girl を修飾する‘名詞＋現在分詞＋語句’の形(現在分詞の形容詞的用法)。　「ステージの上でダンスをしている女の子は私の姉〔妹〕だ」

5．A：あなたはハワイに行ったことがありますか？／B：はい。2年前にそこに行きました。／／ Have you ever been to ～？で「今までに～に行ったことはありますか」

**Ⅴ**〔整序結合〕

1．「手をあげる」は raise ～'s hand。「～する前に」は接続詞 before を用い，‘before＋主語＋動詞...’の形で表す。

2．「～の世話をする」は take care of ～。「私の留守中に」は「私が外にいる間に」という意味なので，接続詞 while を用いて‘while＋主語＋動詞...’の形で表す。

3．‘the＋最上級＋of ～’「～の中で最も…」の形にする。interesting の最上級は most interesting。最上級の文における「～の中で」は本問のように‘～’が数詞や主語の属する複数名詞のときは of を，‘範囲・場所’を表す単数名詞のときは in を用いる。

4．「〈人〉にとって～することは…だ」は‘It is … for＋人＋to ～’の形式主語構文で表せる。

5．「あなたは～を知っていますか」なので Do you know ～？の形にし，「何時か」の部分を‘疑問詞＋主語＋動詞’の語順の間接疑問で表す。

**Ⅵ**〔テーマ英作文〕

質問は「夏と冬のどちらが好きですか」。まず I like summer〔winter〕(better). と答えたうえで，その理由を述べる。理由としては，夏であれば水泳やキャンプ，冬であればスキーや正月の行事を楽しめるといったことが考えられる。

**Ⅶ**〔長文読解総合─ホームページ〕

≪全訳≫ニチガク水族館／ニチガク水族館に海の生き物を見に来てください！　1991年のオープン以来，2000万人以上が当館を訪れています。／料金／大人(16歳以上)　1500円／中学生　600円／子ども(4歳以上)　300円／シニア(65歳以上)　1200円／世田谷区に在住・在勤・在学の方は，割引料金(20%割引)にてご利用いただけます。ご持参いただくものは…／運転免許証または健康保険証：世田谷区にお住まいの方。／健康保険証または学生証：世田谷区内の学生または会社員の方。／注意事項：(1)割引券は水族館窓口のみでの販売です。／(2)ご本人のカードをお持ちでない場合は割引をお受けできません。／アクセス／住所　〒156-0043 東京都世田谷区松原2－7－34／最寄り駅／京王線「明大前駅」，徒歩約5分／小田急線「豪徳寺駅」，徒歩約15分／レストランドルフィン／レストランは水上に浮かんでおり，建物もとてもユニークです。美しいテラス席では軽食やドリンクをゆったりとお楽しみいただけます。営業時間は季節によって変わります。毎日9時から6時まで営業しています(冬期は5時閉店です)。／オンライン予約 www.dolphin.com／土曜・日曜・祝日は予約できません。

1＜英問英答・内容一致＞a)「ニチガク水族館は何年前にできたのか」─イ．「約30年前」　冒頭に

「1991年のオープン以来」とある。　b)「誰のチケットが一番高いか」―ウ.「北海道に住んでいる大学生」　アは子ども(４歳以上)なので300円，イは大人だが，世田谷区在勤なので20％割引が適用され，1200円，ウは1500円，エはシニア(65歳以上)なので1200円。　c)「レストランドルフィンで予約できるのは(　　)」―ア.「金曜日」　最終文参照。予約ができるのは平日のみ。

２＜内容真偽＞ア.「水族館には食事をする場所がないので，昼食を持参した方がいい」…×　レストランドルフィンがある。　イ.「水族館は駅から歩くには遠すぎる」…×　「アクセス」の項参照。２つの駅から徒歩で行ける。　ウ.「割引券はネットでは買えない」…○　「料金」の項の注意事項に「割引券は水族館窓口のみでの販売です」とある。　エ.「水族館はとても新しいので，まだあまり多くの人が来ていない」…×　冒頭に「1991年のオープン以来、2000万人以上が訪れています」とある。　オ.「世田谷区の学生なら，より安い切符を買うことができる」…○　「料金」の項の中ほどに「世田谷区に在住・在勤・在学の方は，割引料金(20％割引)にてご利用いただけます」とある。

**Ⅷ**〔長文読解総合―説明文〕

≪全訳≫❶私たちの世界は不思議な場所で満ちている。例えば，南米から西に4000km 離れた島がそうだ。そこはイースター島と呼ばれている。イースター島の近くには，いくつかの小さな島を除いて，何百キロにもわたって他の陸地はない。❷イースター島には不思議なことがある。南太平洋に浮かぶ他のどの島とも違うのだ。熱帯の植物や木々，美しいビーチがあるわけではない。島はほとんどが草原で，丘や洞穴がたくさんある。また，この島には川がない。同じ地域にあるハワイのような島には，たくさんの川や植物がある。／イースター島には，もう１つ不思議なことがある。実は，このことがイースター島を世界中でとても有名な島にしている。この島には，何百もの巨大な人型の像があちこちにあるのだ。❸これらの像はどのようにしてそこに来たのだろうか。誰がそれらをつくったのだろうか。人々は長い間，これらの疑問に答えようとしてきた。研究者たちが西暦500年頃の燃やされた木材を島で発見したことから，約1500年前から人々がその島に住んでいたことがわかる。その最初の人たちは，おそらく人口の多い最寄りの島であるハワイから来たのだろう。その人たちはイースター島に移り住んだとき，生活に必要な物を全て持ってきたのだ。❹島には800体以上の大きな像がある。高さ１メートルのものから10メートルを超えるものまであり，３階建てのビルに匹敵する高さだ。私たちは１つの大きな疑問を抱く。それは,「像を建てた人はどうやってこのような大きくて重い像を見つけ，つくり，動かしたのか」ということだ。島には大きな岩や山はない。大きな石はどこから来たのだろうか。馬鹿げた考えの１つは，この像が宇宙から来た生物によってつくられ，残されたというものだ。❺これらの像がつくられた理由を発見した科学者もいる。島の人々は，偉大な指導者を偲《しの》ぶため，あるいは死んだ家族に敬意を表すためにこの像をつくった，というのだ。しかし，どのようにして人々がこの巨大な像をつくり，動かしたのかはまだわかっていない。

１＜語形変化＞ア．受動態は‘be動詞＋過去分詞’で表される。ここは現在の内容で主語が３人称単数なのでbe動詞はis。　イ．small の比較級は smaller。　ウ．near の最上級は nearest。　エ．bring の過去形は brought。　bring－brought－brought

２＜要旨把握＞第２段落第２文で「南太平洋に浮かぶ他のどの島とも違う」と述べ，続く第３文以降で具体的に説明している。‘not 〜 any …’は「どんな…も〜ない」という意味。解答例のほか，終わりの２文にあるとおり，「川がない」としてもよい。

３＜適語選択＞(　) built them? の them は前にある these statues「これらの像」を受けていると考えられる。像を「誰が」つくったのかという疑問の答えを人々は探し続けてきたのである。

４＜単語の意味＞直前で10メートルを超える像について述べている。その「高さ」の比較対象として a three-story building を挙げていることから考える。このように story には「階」という意味がある。

５＜用法選択＞下線部③，④はともに「～するために」という‘目的’を表す副詞的用法。これと同じ用法は，ウ．「私は顧客を歓迎するために挨拶をする」。　ア．want to ～「～したい」の形(want の目的語となる名詞的用法)。「私は料理人になりたい」　イ．many things を修飾する形容詞的用法。「私にはやるべきことがたくさんある」

６＜適所選択＞与えられたパラグラフでは，イースター島の another mysterious thing「もう１つの不思議なこと」について述べられているので，これとは別の不思議なことが書かれている箇所の後にくるとわかる。また，[3]の段落第１文の these statues「これらの像」が何を指すのか考えることからでも，このパラグラフが入る場所は判断できる。

**[IX]**〔長文読解総合―説明文〕

≪全訳≫ジェイソン／私は客室乗務員なので，毎日，機内で質問に答えたり，荷物を運ぶお手伝いをしたり，食べ物や飲み物を提供したりしている。また，人々の安全を守るお手伝いもしている。これは私の仕事の中でとても重要な部分だ。私は旅行が大好きなので，この仕事が好きだ。スペインや日本，オーストラリアなど，興味深い場所に行く。私の仕事で嫌いなこともある。週末に仕事をすることが多いので，友達とあまり会えないのだ。飛行機も混んでいることが多い。ほとんどのお客さんはいい人だが，たまにフレンドリーでない人もいる。

サム／私は映画編集者として働いている。仕事ではいろいろなことをやっている。多くの時間を，映画を見ることに費やしている。何を使い，何を使わないかを選ぶ。私はオフィスで映画を編集する。私は他の人たちと一緒に働けるのでこの仕事がとても好きだ。私は１人で働いていると思われがちだが，それは真実ではない。チームで仕事をしている。私の仕事には，気に入らない点もある。労働時間が長いことだ。それに，給料があまりよくないので，お金をためるのが大変だ。

１＜適語(句)選択＞Ａ．続く文で on planes「飛行機で」毎日していることが述べられている。‘help＋人＋with ～’「〈人〉の～を手伝う」　serve ～「(食べ物)を出す」　Ｂ．この後に movie という単語が繰り返し登場するほか，第５文から in an office「オフィスで」する仕事だとわかる。film editor「映画編集者」　put ～ together「～を編集する」

２＜指示語＞① That は客室乗務員の仕事のとても重要な部分である。選択肢の中で客室乗務員の仕事の内容となるのはウだけ。この That が具体的に指しているのは，前文の help keep people safe という内容である。これは，‘help＋動詞の原形…’「～するのを手伝う」と‘keep＋目的語＋形容詞’「～を…(の状態)にしておく」が組み合わさった形。　②下線を含む文全体の意味から，直前の I work alone の内容を指していると判断できる。　alone「１人で」

３＜要旨把握＞ジェイソンの第４文参照。because I love to travel が，仕事が好きな理由である。

４＜要旨把握＞サムの最後の３文参照。このうちの最後の２文が仕事の中で気に入らない点の具体的な内容になっている。ここでの pay は「給料，賃金」という意味。

# 2022年度／日本学園高等学校(第１回)

## 数学解答

**1** (1) 3　(2) $\frac{-13a-b}{12}$

(3) $8+\sqrt{5}$　(4) $x=2,\ y=1$

(5) $a(x+y)(x-9y)$　(6) $x=3\pm\sqrt{3}$

**2** (1) $c=\frac{a-6b-1}{3}$　(2) 1

(3) 5分後　(4) 6個　(5) $\frac{11}{15}$

(6) 50°　(7) $12\pi\text{cm}^3$

**3** (1) 1：4　(2) 3：5　(3) $16\text{cm}^2$

(4) $\frac{24}{5}\text{cm}^2$

**4** (1) $x+y=12,\ 3x+4y=41$　(2) 5組

(3) ① $\frac{5}{2}a$円　② 750

**5** (1) $y=-\frac{1}{2}x+10$　(2) (16, 2)

(3) $\frac{10}{3}$　(4) $y=\frac{5}{11}x$

(声の教育社　編集部)

**1**〔独立小問集合題〕

(1)<数の計算>与式 $=-9-(-12)=-9+12=3$

(2)<式の計算>与式 $=\frac{3(a-3b)-4(4a-2b)}{12}=\frac{3a-9b-16a+8b}{12}=\frac{-13a-b}{12}$

(3)<数の計算>与式 $=\frac{5}{\sqrt{5}}-\frac{2\sqrt{30}}{\sqrt{5}}+\sqrt{2}\times\sqrt{32}+\sqrt{2}\times\sqrt{12}=\frac{5\times\sqrt{5}}{\sqrt{5}\times\sqrt{5}}-2\sqrt{\frac{30}{5}}+\sqrt{2}\times4\sqrt{2}+\sqrt{2}\times2\sqrt{3}=\sqrt{5}-2\sqrt{6}+8+2\sqrt{6}=8+\sqrt{5}$

(4)<連立方程式>$3x-5y=-y+2x-2$……①，$-y+2x-2=2-4x+7y$……②とする。①より，$x-4y=-2$……①′　②より，$6x-8y=4$……②′　②′÷2−①′より，$3x-x=2-(-2)$，$2x=4$　$\therefore x=2$　これを①′に代入して，$2-4y=-2$より，$-4y=-4$　$\therefore y=1$

(5)<式の計算─因数分解>与式 $=a(x^2-8xy-9y^2)=a(x+y)(x-9y)$

(6)<二次方程式>$2(x-3)^2=1+5$，$(x-3)^2=3$，$x-3=\pm\sqrt{3}$　$\therefore x=3\pm\sqrt{3}$

**2**〔独立小問集合題〕

(1)<等式変形>$3(2b+c)=a-1$，$6b+3c=a-1$，$3c=a-6b-1$　$\therefore c=\frac{a-6b-1}{3}$

(2)<式の計算>$x^2-xy=x(x-y)=(5+2\sqrt{6})(5+2\sqrt{6}-4\sqrt{6})=(5+2\sqrt{6})(5-2\sqrt{6})=5^2-(2\sqrt{6})^2=25-24=1$

(3)<一次方程式の応用>兄が家を出てから $x$ 分後に弟に追いつくとすると，弟は $15+x$ 分歩いたときに兄に追いつかれることになる。進んだ道のりは，兄が $200x$m，弟が $50(15+x)$m だから，$200x=50(15+x)$ が成り立つ。これを解くと，$4x=15+x$，$3x=15$　$\therefore x=5$　よって，5分後である。

(4)<数の性質>$\frac{13}{4}=3\frac{1}{4}$ であり，$9<\sqrt{85}<10$ だから，$3\frac{1}{4}<n<10$ である。これを満たす自然数 $n$ は，$n=4,\ 5,\ 6,\ 7,\ 8,\ 9$ の6個ある。

(5)<データの活用─確率─色玉>袋の中に入っている赤玉をR，2個の白玉をW1，W2，3個の青玉をB1，B2，B3とする。袋の中から同時に2個の玉を取り出すときの取り出し方は，(R，W1)，(R，W2)，(R，B1)，(R，B2)，(R，B3)，(W1，W2)，(W1，B1)，(W1，B2)，(W1，B3)，(W2，B1)，(W2，B2)，(W2, B3)，(B1，B2)，(B1，B3)，(B2，B3)の15通りある。このうち，取り出した玉の色が異なる場合は下線を引いた11通りある。よって，求める確率は $\frac{11}{15}$ となる。

図１

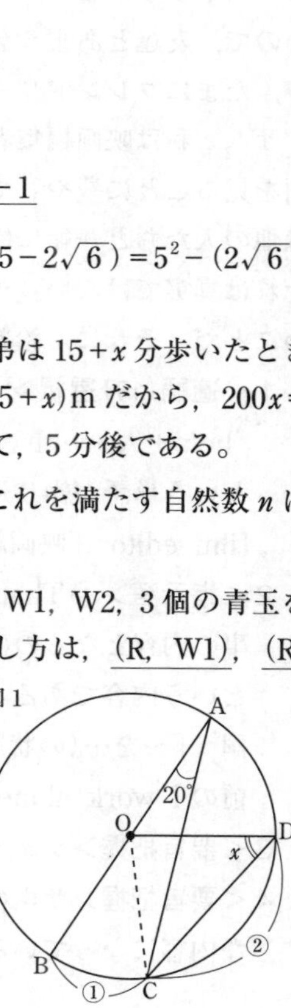


(6)<平面図形─角度>右図１で，半径OCを引く。△OCDは，OC＝ODの二等辺三角形だから，∠OCD＝∠ODC＝∠$x$ である。円周角と中心角の関係より，∠BOC＝2∠BAC＝2×20°＝40° だから，$\overset{\frown}{DC}=2\overset{\frown}{BC}$ より，

$\angle COD=40^\circ\times2=80^\circ$ となる。よって，$\triangle OCD$ で，$2\angle x+80^\circ=180^\circ$ より，$\angle x=50^\circ$ である。

(7)＜空間図形―体積＞側面のおうぎ形の半径を $r$cm とする。弧の長さは底面の円周に等しいから，$2\pi r\times\frac{216^\circ}{360^\circ}=2\pi\times3$ が成り立つ。これを解くと，$r=5$ となるから，この円錐は右図2のようになる。高さを $h$cm とすると，三平方の定理より，$h=\sqrt{5^2-3^2}=\sqrt{16}=4$ となる。よって，この円錐の体積は $\frac{1}{3}\pi\times3^2\times4=12\pi(\text{cm}^3)$ である。

図2

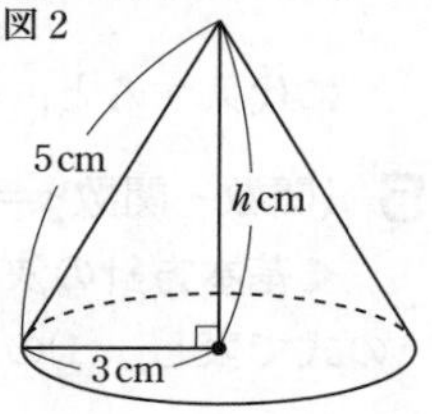


**3** 〔平面図形―平行四辺形〕

≪基本方針の決定≫(2)　線分 AC の長さを基準にして線分 FG，線分 GC の長さを考える。　(3)　辺 BC を底辺とすると，平行な2直線 AD，BC 間の距離が高さになる。

(1)＜長さの比＞右図で，AD∥BC より，$\triangle AFE\backsim\triangle CFB$ だから，AF：CF＝AE：CB である。また，平行四辺形の向かい合う辺は等しいから，AD＝BC である。よって，AE：ED＝1：3 より，AF：FC＝AE：AD＝1：(1＋3)＝1：4 である。

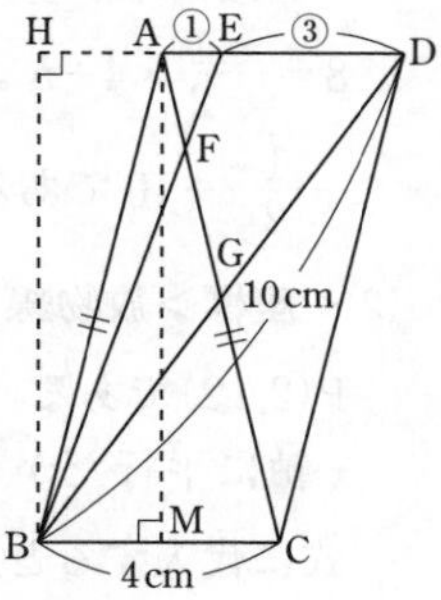


(2)＜長さの比＞平行四辺形の対角線はそれぞれの中点で交わるから，右図で，$AG=GC=\frac{1}{2}AC$ である。(1)より，$AF=\frac{1}{5}AC$ だから，$FG=AG-AF=\frac{1}{2}AC-\frac{1}{5}AC=\frac{3}{10}AC$ となる。よって，$FG:GC=\frac{3}{10}AC:\frac{1}{2}AC=3:5$ である。

(3)＜面積＞右図のように，点 B から直線 DA に垂線 BH を引く。$\triangle BCD$ で辺 BC を底辺とすると，AD∥BC より，高さは BH になる。$\triangle ABC$ で，辺 BC の中点を M とすると，$\triangle ABC$ が AB＝AC の二等辺三角形より，$AM\perp BC$ となる。これより，四角形 AHBM は長方形になり，$AH=BM=\frac{1}{2}BC=\frac{1}{2}\times4=2$ である。よって，$\triangle BDH$ で，$DH=AD+AH=4+2=6$ だから，三平方の定理より，$BH=\sqrt{BD^2-DH^2}=\sqrt{10^2-6^2}=\sqrt{64}=8$ となる。したがって，$\triangle BCD=\frac{1}{2}\times BC\times BH=\frac{1}{2}\times4\times8=16(\text{cm}^2)$ である。

(4)＜面積＞(2)より，$\triangle FBG=\frac{3}{5}\triangle CBG$ である。また，BG＝DG だから，(3)より，$\triangle CBG=\frac{1}{2}\triangle BCD=\frac{1}{2}\times16=8$ となる。よって，$\triangle FBG=\frac{3}{5}\times8=\frac{24}{5}(\text{cm}^2)$ である。

**4** 〔数と式―連立方程式の応用〕

(1)＜連立方程式の応用＞来場した家族は12組だから，$x+y=12$……(i)である。また，来場した人数は合計で41人だから，$3x+4y=41$……(ii)が成り立つ。

(2)＜連立方程式の応用＞(1)の(i)，(ii)より，4人家族の組数 $y$ を求める。(ii)－(i)×3 より，$4y-3y=41-36$　$\therefore y=5$　よって，4人家族は5組来場した。

(3)＜連立方程式の応用＞①3人家族は1つのかまどを3人で利用する。このとき，かまどの利用料金は，大人1人につき $a$ 円，子ども1人につき $\frac{1}{2}a$ 円だから，1組の利用料金は $a+a+\frac{1}{2}a=\frac{5}{2}a$(円)と表せる。　②4人家族はかまど2つをそれぞれ2人で利用するから，利用料金は，大人1人につき $b$ 円，子ども1人につき $\frac{1}{2}b$ 円になり，1組の利用料金は，$b+b+\frac{1}{2}b+\frac{1}{2}b=3b$ と表せる。また，(2)で，4人家族は5組だから，(1)の(i)より，$x+5=12$　$\therefore x=7$　よって，3人家族は7組で，12組の家族の利用料金の合計が21750円だから，$\frac{5}{2}a\times7+3b\times5=21750$ より，$\frac{35}{2}a+15b=21750$……

(iii)が成り立つ。また，$a:b=4:5$ より，$5a=4b$……(iv)である。(iv)より，$a=\frac{4}{5}b$ であり，これを(iii)に代入すると，$\frac{35}{2}\times\frac{4}{5}b+15b=21750$ より，$14b+15b=21750$，$29b=21750$，$b=750$ となる。

**5** 〔関数―関数 $y=ax^2$ と一次関数のグラフ〕

≪基本方針の決定≫(2)　点Sの $y$ 座標は点Pの $y$ 座標に等しい。　(3)　点Sの $x$ 座標，$y$ 座標を $a$ の式で表し，(1)の式に代入する。　(4)　長方形の面積を2等分する直線は，対角線の交点を通る。

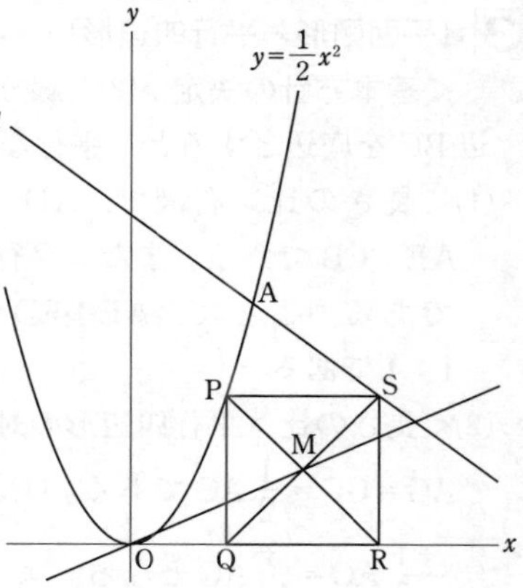


(1)＜直線の式＞直線 $l$ は傾きが $-\frac{1}{2}$ だから，その式は $y=-\frac{1}{2}x+b$ と表せる。また，放物線 $y=\frac{1}{2}x^2$ で，$x=4$ のとき，$y=\frac{1}{2}\times4^2=8$ だから，右図で，A(4, 8)である。直線 $l$ は点Aを通るから，$8=-\frac{1}{2}\times4+b$ より，$b=10$ となる。よって，直線 $l$ の式は $y=-\frac{1}{2}x+10$ である。

(2)＜座標＞放物線 $y=\frac{1}{2}x^2$ で，$x=2$ のとき，$y=\frac{1}{2}\times2^2=2$ より，P(2, 2)である。右図で，四角形PQRSは長方形より，辺PSは $x$ 軸に平行だから，点Sの $y$ 座標は2になる。これを直線 $l$ の式に代入すると，$2=-\frac{1}{2}x+10$ より，$x=16$ となるから，S(16, 2)である。

(3)＜$x$ 座標＞点Pは，放物線 $y=\frac{1}{2}x^2$ 上の点で $x$ 座標は $a$ だから，上図で，$\mathrm{P}\left(a,\ \frac{1}{2}a^2\right)$ であり，(2)と同様に，点Sの $y$ 座標は $\frac{1}{2}a^2$ と表せる。辺PQは $y$ 軸に平行だから，$\mathrm{PQ}=\frac{1}{2}a^2$ であり，四角形PQRSが正方形となるとき，$\mathrm{PS}=\mathrm{PQ}=\frac{1}{2}a^2$ だから，点Sの $x$ 座標は $a+\frac{1}{2}a^2$ と表せ，$\mathrm{S}\left(a+\frac{1}{2}a^2,\ \frac{1}{2}a^2\right)$ となる。(1)より直線 $l$ の式は $y=-\frac{1}{2}x+10$ であり，これが点Sを通るから，$\frac{1}{2}a^2=-\frac{1}{2}\left(a+\frac{1}{2}a^2\right)+10$ が成り立つ。これを解くと，$a^2=-a-\frac{1}{2}a^2+20$ より，$2a^2=-2a-a^2+40$，$3a^2+2a-40=0$ となるから，解の公式より，$a=\frac{-2\pm\sqrt{2^2-4\times3\times(-40)}}{2\times3}=\frac{-2\pm\sqrt{484}}{6}=\frac{-2\pm22}{6}$ となり，$a=\frac{-2+22}{6}=\frac{10}{3}$，$a=\frac{-2-22}{3}=-8$ である。点Pは原点Oと点Aの間にあるので，$0<a<4$ だから，$a=\frac{10}{3}$ となる。

(4)＜直線の式＞右上図で，正方形PQRSの対角線の交点をMとすると，原点を通り，この正方形の面積を2等分する直線は直線OMになる。(3)で，$a=\frac{10}{3}$ より，$\frac{1}{2}a^2=\frac{1}{2}\times\left(\frac{10}{3}\right)^2=\frac{50}{9}$，$a+\frac{1}{2}a^2=\frac{10}{3}+\frac{50}{9}=\frac{80}{9}$ だから，$\mathrm{S}\left(\frac{80}{9},\ \frac{50}{9}\right)$ である。また，$\mathrm{Q}\left(\frac{10}{3},\ 0\right)$ である。点Mは対角線QSの中点だから，$x$ 座標は $\left(\frac{80}{9}+\frac{10}{3}\right)\times\frac{1}{2}=\frac{55}{9}$，$y$ 座標は $\left(\frac{50}{9}+0\right)\times\frac{1}{2}=\frac{25}{9}$ となり，$\mathrm{M}\left(\frac{55}{9},\ \frac{25}{9}\right)$ である。直線OMの式は $y=mx$ と表せ，これが点Mを通るから，$\frac{25}{9}=m\times\frac{55}{9}$ より，$m=\frac{5}{11}$ となる。よって，求める直線の式は $y=\frac{5}{11}x$ である。

# 2022年度／日本学園高等学校（第１回）

## 国語解答

一 ① たたみ　② しゅうねん
③ にゅうわ　④ しゅっか
⑤ そむ

二 ① 模様　② 樹立　③ 豆粒
④ 肥　⑤ 名所旧跡

三 問一　a…カ　b…イ
問二　A…エ　B…ウ　C…オ　D…ア
問三　エ　問四　ア　問五　ウ
問六　Ⅰ　得体の知れない怪物
Ⅱ　体と心に蓄積された
問七　エ　問八　ア
問九　母にとっては，自分が生まれた喜びよりも父が死んだ悲しみの方が大きかったことがはっきりとして，怒りと悲しみをぶつけたかったということ。(66字)
問十　必死になって道化役を演じてきた〔母を心の底から笑わせようとする〕〔こと〕
問十一　A

四 問一　エ
問二　Ⅰ　思考の枠組み
Ⅱ　頭の自由度
Ⅲ　思考の柔軟性
問三　千差万別
問四　A…ウ　B…エ　C…ア　D…オ
問五　「水」には「熱くない」という意味が含まれており，「water」は熱い冷たいにかかわらず「water」だから。
問六　ウ
問七　そもそも憲法がある前から天皇は日本を統治していて，人々はそれに従っていたというストーリーが必要だったから。(53字)
問八　d　問九　エ　問十　エ
問十一　A…○　B…×　C…×
D…○

（声の教育社　編集部）

一〔漢字〕
①ワラやイグサでつくった床に敷く敷物のこと。　②執着して離れない心のこと。　③性質や態度が穏やかでやさしいこと。　④商品を市場に出すこと。　⑤逆らって従わない，という意味。

二〔漢字〕
①織物などの表面に装飾として施す絵柄のこと。　②しっかりと打ち立てること。　③非常に小さいもののこと。　④音読みは「肥料」などの「ヒ」。　⑤景色や古跡などで名高い場所のこと。

三〔小説の読解〕出典；小川糸『僕の太陽』。

問一＜熟語の構成＞「早退」と「再起」は，上の漢字が下の漢字の連用修飾語となる熟語。「無限」と「未開」は，上の漢字が打ち消しの意味を持つ熟語。「人造」は，上の漢字が主語で，下の漢字が述語となる熟語。「行進」は，似た意味の漢字を重ねた熟語。「原発」は，「原子力発電(所)」という熟語を省略した熟語。「着席」は，下の漢字が上の漢字の目的語・補語となる熟語。

問二＜表現＞A．耳を澄ますと，母の見ているテレビ画面からほんのわずかにテンポのよい曲が聞こえてきたのである。　B．画面の中の母の髪は，今よりもはるかに短かったのである。　C．母の悲しみの世界に「僕」が入り込む余地は，全くといっていいほど残されていなかったのである。　D．映像を見るように，過去の記憶がくっきりと明瞭によみがえったのである。

問三＜文章内容＞それまで必死になって道化役を演じてきたけれど，「どんなにあがいても背伸びをしても，正喜さんにはなれない」ということが，「僕」にははっきりとわかった。だから「僕」は，

「これからは，母の哀しみにとことんまで付き合おう」と決めたのである。

問四＜文章内容＞母の険しい表情を見て，「何かとても大事なことが起こる予兆を瞬時に察知」した「僕」は，母が何か重い病気を打ち明けるのかと思って，不安でいっぱいになったのである。

問五＜表現＞再婚したいという母の言葉を聞いて，「僕」は何も言い出せなかった。たくさんの伝えたい気持ちがあり，それらを言葉にして母に届けようとするが，言葉にならないうちに自分のところに戻ってきてしまうのであった。

問六＜表現＞「僕」が母の新しい人生を素直に喜べないのは，「僕の体と心に蓄積されたこの哀しみは，どうなってしまうのだ」と戸惑ったからである。「僕」は，「得体の知れない怪物のような」悲しみを何とか飼いならして生きてきたのであり，蓄積された悲しみをどうしたらいいかわからず，「僕」の心は落ち着かなくなったのである。

問七＜文章内容＞母は，「新しい人生を，歩み始めよう」と言うのだが，その「新しい人生とやらに，僕自身は含まれるのだろうか」と，「僕」は思わずにはいられなかった。

問八＜心情＞母は，正喜がなくなってから，ずっとその死を受け入れることができず，悲しむばかりで「人生を楽しむことに，罪悪感を持っていた」が，ようやく悲しむだけの人生に区切りをつけ，「これから先も，生きていかなくちゃいけない」と，前向きな気持ちになったのである。

問九＜心情＞「母にとって，僕の誕生より，正喜さんの死の方が大きかった」ということを，本人の口からはっきりと聞いた「僕」は，落胆と怒りと悲しみで，たまらない気持ちになったのである。

問十＜文章内容＞泣いている母を笑わせようと，「僕は必死になって道化役を演じてきた」のであるが，母は，「いっぱい笑わせて」くれた「僕」のその努力を，覚えていてくれたのである。

問十一＜心情＞「僕」が「母さんが幸せになるのを，応援するよ」と心から言ったのは，母がしっかり気持ちを整理して新たに生きていこうとしていることがわかったからである。

四〔論説文の読解―芸術・文学・言語学的分野―言語〕出典；橋爪大三郎『人間にとって教養とはなにか』。

≪本文の概要≫外国語を学ぶとは，母語とは違うもう一つの思考の枠組みを頭の中に組み立てるということである。日本語しか知らなければ，日本語の思考の枠組みが絶対になってしまうが，外国語にふれれば，外国語の思考の枠組みを通して，母語の思考の枠組みを相対化し，思考の柔軟性を高めることができる。言語と言語の間には，「概念の違い」がある。例えば，英語にもフランス語にもドイツ語にも「国民」を指す単語はない。アメリカ合衆国憲法には「人民」という言葉が用いられており，主権者は「人民」であり「国民」ではない。一方，明治政府は，近代国家をつくろうと大日本帝国憲法を制定したとき，「臣民」という言葉をつくったが，それは，天皇が日本を統治し「臣民」はそれに従うというストーリーが必要だったからであり，「臣民」は，国の主権者ではないと大日本帝国憲法はいっているのである。戦後，日本国憲法で「臣民」は「国民」と言い換えられたが，そのルーツをたどると，天皇を普通の人間を超えた存在としてまつり上げようとした明治政府の意図に気づく。すると，「臣民」→「国民」という言葉につきまとう思考の枠組みから自由になれる。言葉が表す概念や思考を相対化することは，知らず知らずのうちに組み込まれている考え方のシステムに気づくきっかけになるのである。

問一＜品詞＞「ものを考えるしかない」と「始めからない」の「ない」は，存在しないという状態を表す形容詞。「あぶない」の「ない」は，形容詞「あぶない」の一部。「しない」と「知らない」の「ない」は，打ち消しを表す助動詞。

問二＜文章内容＞「外国語を学ぶことのポイントは，母語とは違うもうひとつの思考の枠組みを頭の中に組み立てる，ということ」なのである。外国語を学ぶことを通して，母語の「思考の枠組み」を相対化し，「頭の自由度」や「思考の柔軟性」を高めることができるのである。

問三＜四字熟語＞言語は，発音，単語，文法，文字など，さまざまな違いがあって，実に多様なのである。「千差万別」は，いろいろな種類があって，その違いもさまざまであること。「大同小異」は，細部の違いがあっても全体的にはほぼ同じであること。「異口同音」は，多くの人が口をそろえて同じことを言うこと。「枝葉末節」は，物事の本質から離れたあまり重要でない部分のこと。

問四＜接続語＞Ａ．言語は実に多様なので，外国語を学ぶにはまず，その言語の音の体系から覚えなくてはならない。　Ｂ．言語は，発音，単語，文法，文字など，それぞれ異なるが，本当に大事なのはそれらの違いではなく，概念の違いである。　Ｃ．概念の違いとはどのようなことか明らかにするために，例として日本語の「水」と英語の「water」を比べてみる。　Ｄ．英語では，お湯を「hot water」というが，日本語では「熱い水」とはいわないということは，要するに，日本語の「水」という概念には，熱くないという意味が含まれているということなのである。

問五＜文章内容＞日本語の「水」という概念には，熱くないという意味が含まれているのに対し，英語の概念では，「冷たかろうと熱かろうと『water』」なのである。したがって，「水」と「water」が指すものは，同じ概念とはいえないのである。

問六＜文章内容＞「国民」は，国家がなければ「国民」ではなく，「国家に依存している存在」なのである。「『国民』という言葉は，その成り立ちからして，『まず国があった』という考え方」なので，「国民は国家の上位概念」だと考えると，「国が先か，国民が先か，わけがわからない」のである。だから，「国民」が「国」をつくると表現してしまうと，タマゴが先かニワトリが先かというのと同様に，よくわからない循環論になってしまうのである。

問七＜文章内容＞「臣」と「民」を一つにして「臣民」という言葉をつくったのは，「『天皇に従う』という関係をはっきりさせるため」だと考えられる。「そもそも憲法がある前から，天皇は日本を統治していた」のであって，人々はそれに従っていたというストーリーが，明治政府にとって必要だったのである。

問八＜文脈＞日本語には「臣民」にあたる言葉がなかったので，明治政府は「臣下」にあたる「subject」を「臣民」と訳したのだが，「臣民」を英語に訳そうとするとあてはまる単語はない。それはちょうど，「水」と「water」が等しいものを指すのではないのと，同じことなのである。

問九＜表現＞明治政府が制定した大日本帝国憲法に表されているのは，天皇が無上の存在であり，その前に臣民が平伏しているという構図である。「政府の偉いさん」という表現には，天皇のもとで働く政府の高官に全て従えという明治政府の意図への，筆者の反感が表れている。

問十＜文章内容＞日本国憲法には「国民」という言葉が使われているが，そのルーツをたどって大日本帝国憲法を見ると，天皇が統治する国で「おとなしく，天皇に従っていなさい」という明治政府の意図に気づくことができる。ふだん何気なく使っている概念を相対化することで，日本語の思考の枠組みの中に自分がいたことに改めて気づくのである。

問十一＜文章内容＞英語の「brother」や「sister」は，年齢の上下を問わない表現である。日本語の「兄弟，姉妹」では年齢の上下が必ず問われるが，上下を重んじる日本人の特質がこれらの言葉にはよく表れているといえる（Ａ…○）。しかし，上下を問うか問わないかに優劣があるわけではなく，さまざまな思考の枠組みがあるということに過ぎない（Ｂ・Ｃ…×）。英語と日本語を比べることによって，自分たちの思考の枠組みに気づくことができる。母語による思考の枠組みを相対化し，思考の柔軟性が高まるのである（Ｄ…○）。

# 2021年度 日本学園高等学校（第１回）

【英　語】（50分）〈満点：100点〉

## Ⅰ

次の下線部と発音が同じものを、右のア～エから１つずつ選び、記号で答えよ。

| | | ア | イ | ウ | エ |
|---|---|---|---|---|---|
| 1. | mouth | road | thought | about | third |
| 2. | work | walk | bird | father | hard |
| 3. | opened | looked | laughed | helped | loved |

## Ⅱ

各語の最も強く発音する部分の**記号がウのものを４つ選び**、数字で答えよ。

| | | | |
|---|---|---|---|
| 1. dif-fer-ent | 2. im-pos-si-ble | 3. beau-ti-ful | 4. u-ni-ver-si-ty |
| ア イ ウ | ア イ ウ エ | ア イ ウ | ア イ ウ エ オ |
| 5. in-tro-duce | 6. ex-am-ple | 7. in-ter-na-tion-al | 8. en-gi-neer |
| ア イ ウ | ア イ ウ | ア イ ウ エ オ | ア イ ウ |

## Ⅲ

次のＣとＤの関係がＡとＢの関係と同じになるように、Ｄの（　　　）内に適切な語を１つずつ入れよ。

| | A | B | C | D |
|---|---|---|---|---|
| 1. | book | books | city | （　　） |
| 2. | right | wrong | long | （　　） |
| 3. | go | went | leave | （　　） |
| 4. | up | down | late | （　　） |

## Ⅳ 次の各組の英文がほぼ同じ意味になるように、(　　)内に適切な1語を入れよ。

1. He swims well.
   He is a (　　　) (　　　).

2. This library is 55 years old now.
   This library (　　　) (　　　) 55 years ago.

3. Kyoto has a lot of places to visit.
   (　　　) (　　　) a lot of places to visit in Kyoto.

4. Kenji lost his room key and he doesn't have it now.
   Kenji (　　　) (　　　) his room key.

## Ⅴ 次の文の(　　)内に入る最も適切なものを1つ選び、記号で答えよ。

1. A: Thank you very much for helping me with my homework.
   B: (　　　)

   ア That's too bad.　　イ Welcome home.
   ウ Don't mention it.　　エ So-so.

2. A: I bought a book yesterday.
   B: What kind of book did you get?
   A: (　　　)

   ア It was about Japanese history.　　イ It was found in the bookstore.
   ウ It was very interesting.　　エ It was large and expensive.

3. A: We need some cheese for the pizza.

B: What do we need for the pizza? (　　　)

A: Cheese.

ア　I couldn't help you.　　イ　I couldn't eat it.

ウ　I couldn't hear you.　　エ　I couldn't cook it.

4. A: You look busy.

B: I am. I have to finish this job today.

A: (　　　)

B: No, thank you. I can do it by myself.

ア　Will you help me with it?　　イ　I have already finished it.

ウ　I want you to help me.　　エ　Shall I help you with it?

## Ⅵ　次の対話の(　　)内の語句を、日本語に合うように並べかえよ。

1. A: Who is that tall man over there?

B: He is Mr. Jones. 私の家の近くに住んでいる医者です。

He is ( house / living / my / a doctor / near ).

2. A: Study hard, Kenji!

B: 今は英語を勉強する気がしない。

I ( don't / studying / like / feel / English ).

3. A: I couldn't answer this question.

それは私には難しすぎて答えられなかった。

It was ( difficult / answer / too / me / to / for ).

B: Me, neither.

Ⅶ　あなたは、外国人の友達から下の質問を受けた。その質問についてあなたの答えを１文、その理由を２つ、それぞれ英語で答えよ。

"What country do you want to visit?"

Ⅷ　次の対話文を読んで、あとの問いに答えよ。

Mr. Brown：How was your summer holiday?

Kenta：I took a trip to the U.S.A.

Mr. Brown：Great! Did you enjoy your trip?

Kenta：Yes, I really enjoyed it.

Mr. Brown：Where did you stay?

Kenta：I stayed with Mr. Green and his family in California.

Mr. Brown：Oh, I lived in California when I was a college student. California is a nice place.

Kenta：Yes. They took me to a lot of places. I saw a lot of interesting and beautiful things. I made friends with many people. Everything was new to me. I learned there were many differences between America and Japan.

Mr. Brown：You learned a lot. Learning about other countries is important. But learning about your own country is just as important as ①that.

Kenta：Yes, I think so. Mr. Green asked me a lot of questions about Japan. But some of his questions were very difficult, and I couldn't answer ②them. I didn't know so many things about Japan, and sometimes I didn't know the way to answer his questions in English. So I'm going to study English harder and learn a lot about my own country.

問１．下線部①が示す内容を、文中より４語で答えよ。

問２．下線部②が示す内容を、10字以内の日本語で答えよ。

問３．次の質問に**３語以上**の英語で答えよ。

1. Where did Mr. Brown live when he was a college student?

2. Did Kenta answer all of Mr. Green's questions?

問４．次の英文が本文の内容と合うように、（　　）内に適切な語を入れよ。

Kenta went to America during his （　ア　） vacation. He stayed in California. He saw many interesting and beautiful things there. And he made a lot of （　イ　）. There were many differences between America and his （　ウ　）.

IX 次のお知らせを読み、あとの問いに答えよ。

Our class will have an interesting discussion.
Come and join our discussion!

Are you interested in the languages from around the world?
If so, why don't you come?

There are over 4,000 languages in the world.
And English is the most widely used.
But is English the only foreign language to study?

What do you think?
We'd like to hear your opinions.
Different opinions will be very helpful to our thinking.

DATE : Friday, June 27
TIME : 3:40p.m. ～ 5:20p.m.
PLACE : School Library

We're waiting for your opinions!
If you need more information,
please contact Aoki Kozue or Kato Yuji, Class 3A.

問1．次の質問に対する最も適切なものを１つ選び、記号で答えよ。

What will members of the class 3A do?

ア They will travel around the world.

イ They will make speeches in English.

ウ They will talk about foreign languages.

エ They will study 4,000 languages in the world.

問２．次の英文に続くものとして最も適切なものを１つ選び、記号で答えよ。

If students contact Aoki Kozue, they can

ア get more information.

イ learn English.

ウ talk with Kato Yuji.

エ help the children in the world.

問３．お知らせの内容と合っているものにはＴで、合っていないものにはＦで答えよ。

1. At least 4,000 languages are used in the world.

2. The discussion will be more than two hours.

3. The classroom of 3A will be the place for the discussion.

X 次の英文を読み、あとの問いに答えよ。

Are you looking forward to playing games with your friends during your vacation? Yes, you must be. Then, what kind of games are you going to play? Have you ( A ) yet?

When you hear the word "games," you may imagine "video games" such as online computer games, TV games, or some game machines in game arcades. They are very popular among young people these days. Also (1)they are so exciting that some people can't stop playing them. However, if you are planning to play such games, please wait for a moment. I want to tell you that board games are more interesting than video games. Some of them are well ( B ) to people of all ages so you can even play them with your grandparents.

The first board game was played 4,000 years ago. In some countries, they were used for religious events or to make important decisions for those countries. In the world market today, you can choose from about 42,000 board games and new board games are ( C ) every year. When you go to a department store, you will find many kinds of board games for all ages. To play a board game is very simple. Just put it on the table ( ア ) front of the players. Shuffle the cards, roll the dice, and you are in the game. When you buy a game, you can keep it and play anytime and anywhere. You don't use electricity or a TV monitor and you don't need to press many buttons at the same time. And of course, you don't spend 100 yen for each play.

The greatest point of a board game is that you can enjoy communicating with other players face to face. You have many chances to talk about the rules, what is going to happen next and who is winning or losing. You can actually see the smiles on other players' faces. You laugh and sometimes shout together. Sharing an exciting time in this way is (2)a great experience. Family and friends teach each other how to play. The game plays an important part ( イ ) a great communication tool.

It is also good for parents to buy board games for their children instead of video games. Please look at the table below:

<Board Games for Children>

| Characteristics of Board Games | Children will learn … |
| --- | --- |
| Players will talk a lot before / during / after the game. | [ 1 ] |
| Players have to understand the rules. | [ 2 ] |
| Sometimes players need to teach rules to other players. | [ 3 ] |
| Players cannot reset the game until it is finished. | [ 4 ] |

Although most board games are played just for fun, the table shows that board games teach children a lot of important skills and their parents, too.  So, why don't you put away your video games and start looking ( ウ ) your favorite board games?

問1．( A )～( C )に入る適切な語をそれぞれ選び、記号で答えよ。

[ ア decided　イ sold　ウ known ]

問2．( ア )～( ウ )に入る適切な語をそれぞれ選び、数字で答えよ。ただし、不要な語がある。

[ 1 for　2 as　3 in　4 by ]

問3．下線部(1)の they と them が表すものを明らかにして、日本語にせよ。

問4．下線部(2)の内容を具体的に表すもので、正しくないものを1つ選び、記号で答えよ。

ア　共に笑ったり、ときには叫んだりすること。

イ　だれが勝っているかについて話し合える機会がたくさんあること。

ウ　次に何か起こるか全くわからなくて、一人でもドキドキできること。

エ　他のプレーヤーの笑顔を実際に見ることができること。

問5．文中の表の[1]～[4]に入る適切なものをそれぞれ選び、記号で答えよ。

ア　good communication skills.

イ　never to give up.

ウ　the way to explain things in a clear way.

エ　why it is important to keep rules.

【数　学】（50分）〈満点：100点〉

**1** 次の各問いに答えよ。

(1) $12 \div \left(-\dfrac{2}{3}\right) - (-4^2) \times 3$ を計算せよ。

(2) $\dfrac{2a+b}{3} - \dfrac{a-3b}{2}$ を計算せよ。

(3) $\dfrac{\sqrt{24}-\sqrt{8}}{\sqrt{2}} + (\sqrt{6}+1)(\sqrt{6}-1)$ を計算せよ。

(4) 連立方程式 $\begin{cases} 3(2x+5) = 2y-7 \\ \dfrac{1}{2}x - y = \dfrac{5x-2y-4}{4} \end{cases}$ を解け。

(5) $2x^2 - 10xy + 12y^2$ を因数分解せよ。

(6) 2次方程式 $(3x-2)^2 = 5x(2x-1)+9$ を解け。

**2** 次の各問いに答えよ。

(1) 等式 $7a=\dfrac{b-5c}{2}$ を $c$ について解け。

(2) $\dfrac{7}{5}$, $\sqrt{\dfrac{7}{5}}$, $\dfrac{7}{\sqrt{5}}$, $\dfrac{\sqrt{7}}{5}$ を小さい順に並べよ。

(3) 40 人のクラス全員で数学のテストを受けた。男子のみの平均点が 63 点、女子のみの平均点が 55 点で、クラス全体の平均点が 59.4 点であるとき、男子の人数を求めよ。

(4) 12 %の食塩水 400 g に 5 %の食塩水を加えて 7 %の食塩水をつくるには、5 %の食塩水を何 g 加えればよいか。

(5) 点$(3,\ -1)$を通り、直線 $y=2x+3$ に平行な直線を $l$ とする。直線 $l$ が点$(a,\ 11)$を通るとき、$a$ の値を求めよ。

(6) 図の円周上の点は円周を 12 等分している。$\angle x$ の大きさを求めよ。

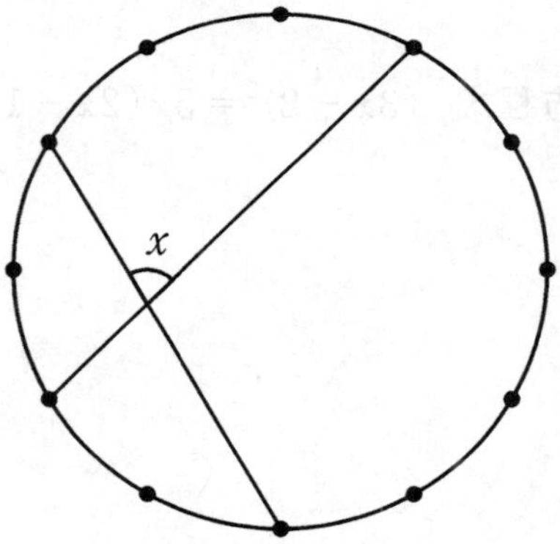


(7) 底面の半径が 6 cm、高さが 8 cm の円柱の表面積を求めよ。

**3** 図のように、放物線 $y = ax^2$ 上に点Aを、$x$ 軸、$y$ 軸上にそれぞれ点B$(-2,\ 0)$，点Cを、四角形OACBが平行四辺形となるようにとる。
平行四辺形OACBの面積が16であるとき、次の各問いに答えよ。

(1) 点Cの座標を求めよ。

(2) $a$ の値を求めよ。

(3) 辺BCと放物線の交点をPとするとき、三角形OPBの面積を求めよ。

(4) 平行四辺形OACBを、$y$ 軸を回転の軸として1回転させたときにできる立体の体積を求めよ。

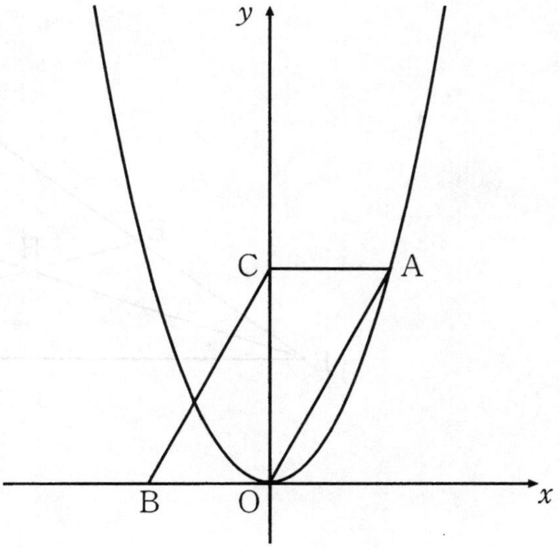

**4** 図のように、三角形ABCにおいて、2点D, Eは辺ABを3等分する点となるように、点Fは辺ACの中点となるようにとる。BFとCD, CEとの交点をそれぞれG, Hとするとき、次の各問いに答えよ。

(1) DF：ECを最も簡単な整数で表せ。

(2) DF：EHを最も簡単な整数で表せ。

(3) 三角形CFHと三角形CDEの面積の比を、最も簡単な整数で表せ。

(4) 三角形CFGと四角形DEHGの面積の比を、最も簡単な整数で表せ。

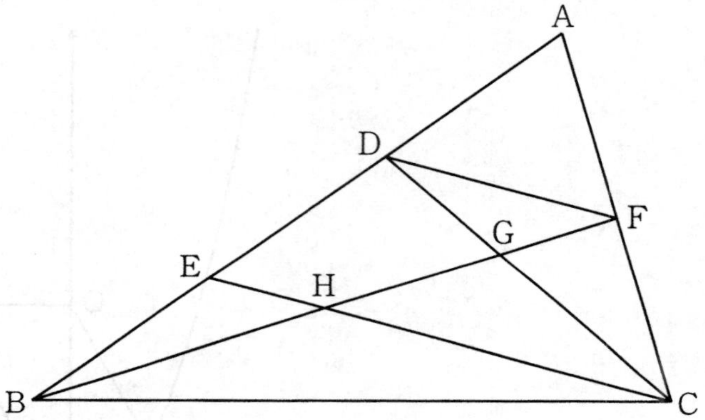

**5** 図のように、AB = 12 cm，BC = 6 cm の長方形 ABCD がある。2 点 P，Q はそれぞれ頂点 B を同時に出発し、この長方形の辺上を、頂点 C を通って頂点 D に向かって動く。2 点 P，Q はそれぞれ毎秒 3 cm、毎秒 2 cm の速さで、点 P が頂点 D に到着するときまで動く。
2 点 P，Q が頂点 B を出発してから $x$ 秒後に線分 AP，AQ と長方形の辺で囲まれた部分の面積を $y$ cm$^2$ とするとき、次の各問いに答えよ。

(1) $x$ の変域を求めよ。

(2) $x = 4$ のとき、$y$ の値を求めよ。

(3) 点 P が辺 CD 上に、点 Q が辺 BC 上にあるとき、$y$ を $x$ の式で表せ。

(4) $y = 10$ となるときの $x$ の値をすべて求めよ。

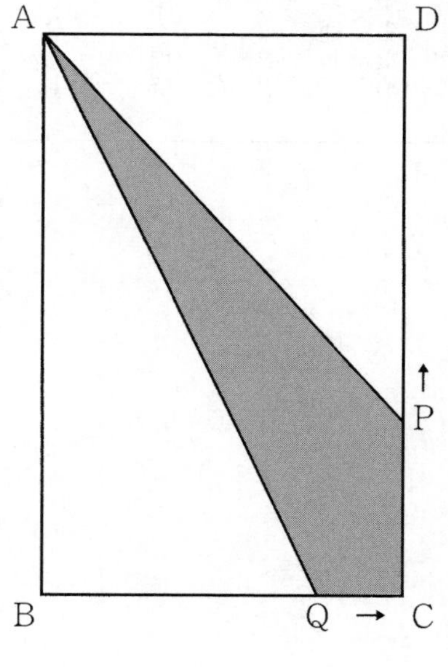

問九　傍線部⑨「それぞれに適した『思慮《しりょ》深さ』が求められる」とあるが、「クラス環境」と「なかよし環境」に共通して求められるものは何か。それを説明した二十一字の部分を文章中からさがし、初めと終わりの五字を抜き出して答えよ。

問十　この文章は、次の文が抜けている。どこに補ったらよいか。【a】〜【d】の中から選び、記号で答えよ。

> これらの業務では、一定の達成目標が定められるが、その目標の達成のためのルールや規範はすでに定められている。

問十一　傍線部⑩「プロジェクト環境のなかでの対話能力」とあるが、それはどのようなものか。その説明として最も適切なものを次の中から選び、記号で答えよ。

ア　現代における課題に対しての不安を解消するため、メンバーとの関係を良好にし、仲間同士の衝突やすれ違いを生まないようにしながら課題と向き合う対話能力。

イ　既存のルールや規範だけでは解決が難しい課題に対し深く理解し、その課題解決に向けてプロジェクトを果敢《かかん》に推進していくための協働を可能にする対話能力。

ウ　目の前の解決できそうな課題に対しメンバーとの協働を通して解決し、そこから得た方法や考え方を難しい課題に応用するために情報交換をしていくための対話能力。

エ　未知の領域で掲げた目標の達成に向けて、今までに確立された手法を十分に理解し、メンバー全員で誤りなく実行していくために必要となる対話能力。

問十二　文章の内容と合っているものを次の中から一つ選び、記号で答えよ。

ア　なかよし環境は気の合う者同士で形成された集団であるのでその中では排除などは発生しない。

イ　プロジェクト環境に入った人間はその中でメンバーとの協調を求められ、それによって選択能力を向上させる。

ウ　既存の規範が通用しない問題解決を可能にするのはプロジェクト環境で培《つちか》われる経験と能力である。

エ　すでに与えられた状況を超えて問題解決を可能にするのは仲間との和を保つ対話である。

問五　傍線部⑤「プロジェクト環境」とあるが、その例として最も適切なものを次の中から選び、記号で答えよ。

ア　文化祭のクラスの出し物を決めるために集まった有志の実行委員会。

イ　盆踊り大会実施のために、無作為に町内から選出された人で構成された運営委員。

ウ　中学校で釣りが好きな同級生が集まって結成した釣り同好会。

エ　会社の部門強化のために業績の優れたメンバーを指名して配属した部署。

問六　傍線部⑥「クラス集団もなかよし集団もチームではない」とあるが、その理由として最も適切なものを次の中から選び、記号で答えよ。

ア　協力して何かを成し遂げようと行動しても、集団を成立させる第三者が存在しないとチームと呼ぶことはできないから。

イ　達成するものにおいて共通の利害があり、それに向けて努力する集団でなければチームと呼ぶことはできないから。

ウ　同じ目標を持って協働することによって、何かを成し遂げようとする集団でなければチームと呼ぶことはできないから。

エ　力を合わせて目標を達成するために、同じ発想を持っている気の合う集団でなければチームと呼ぶことはできないから。

問七　傍線部⑦「『選択能力』としての『思慮深さ』を磨く」とあるが、これについて説明した次の文章の（　Ⅰ　）～（　Ⅲ　）に当てはまるように、それぞれ指定された字数で文章中からさがし、抜き出して答えよ。

> 複数のプロジェクトに身を置き、多彩なチームメンバーとの（　Ⅰ　2字　）を重ねることで、多様で複雑な選択や（　Ⅱ　7字　）を経験することができる。それによって、どんな状況の中でも（　Ⅲ　5字　）を行うことができる能力を身につけること。

問八　傍線部⑧「プロジェクト環境は終了し、プロジェクトチームは解散する」とあるが、筆者はこれを重要であると述べている。その理由として最も適切なものを次の中から選び、記号で答えよ。

ア　今までと異なる環境の中で活躍するように、指示を受けるまでに自分で能力を高める時間を得ることができるから。

イ　もし今のチームの中の人間関係がうまくいかなかったとしても、それを解消することができるから。

ウ　今のチームで目標に到達できなかったという挫折《ざせつ》感を取り除き、新しい挑戦をすることができるから。

エ　他のプロジェクト環境へ移りやすくなり、複数のプロジェクト環境での経験を積むことができるから。

限られた時間のなかで、その目標を達成するための協働を行うグループがプロジェクトチームであり、プロジェクト環境である。【d】

現代の若者には、「対話」の力が求められている。文部科学省が進めようとする教育も「対話による深い学び」と性格づけられている。わたしがここで、教養を磨くための方法と考えるのは、⑩プロジェクト環境のなかでの対話能力である。それは、クラス環境のなかで友達となじむための対話やなかよしグループが喧嘩《けんか》しないための対話ではない。高い目標を掲げながらその目標に向かって行動し、協働するための対話力である。こうした対話力には、解決すべき課題について深く理解する力や、現代という時代が抱える難しい問題に挑戦するプロジェクトを果敢《かかん》に推進する力も含んでいる。この対話力こそが、プロジェクトチームが所与[※3]の状況とさまざまな遭遇を超えて、問題解決に至る思慮深さの学びとなるのである。

（桑子敏雄『何のための「教養」か』より）

注　※1　反目…仲が悪くにらみあうこと。
※2　依拠…よりどころ。よりどころとすること。
※3　所与…他から与えられること。与えられたもの。

問一　[A]～[C]に当てはまる語句として最も適切なものを次の中からそれぞれ選び、記号で答えよ。

ア　あるいは　イ　たとえば　ウ　しかし
エ　そして　オ　ところで

問二　傍線部①「利益」・④「就職」と熟語の成り立ちが同じものを次の中からそれぞれ選び、記号で答えよ。

ア　集散　イ　偉業　ウ　追跡　エ　未熟
オ　救助　カ　年長　キ　歴然

問三　傍線部②「そういうリスクをつねに含んでいる」とあるが、それはなぜか。その理由を文章中の言葉を用いて四十字以内で説明せよ。

問四　傍線部③「た」と同じ意味・用法のものを次の中から選び、記号で答えよ。

ア　たった今、長かった授業が終わった。
イ　今日が入学試験の当日だったね。
ウ　これと似た服を探している。
エ　昨日の夜はよく眠れたよ。

ということはできない。目標も自ら設定し、それに向かって同志が集まり、ゴールに向かう道筋を話し合い、その道筋に沿って作業をスタートさせるのであれば、これはプロジェクトということができる。【C】

　高校生や大学生であれば、自分たちでプロジェクトを組織し、そのプロジェクト環境をみずからつくって、目標達成のための作業を行うことができる。そうすることが⑦「選択能力」としての「思慮《しりょ》深さ」を磨くのに役に立つ。

　このとき大切なのは、プロジェクトは、ある時点でスタートし、ある時点でゴールに到達するということである。プロジェクトが終了するのは、ゴールに到達したとき、または、ゴールに到達することが不可能であると判明したときである。そのとき、⑧そのプロジェクト環境は終了し、プロジェクトチームは解散する。

　たくさんのプロジェクト環境に参加することで、わたしたちは、それぞれのプロジェクトの目標を達成するために何をなすべきか、何を選択すべきか、その選択を可能にする能力にはどのようなものがあるか、そのような能力を身につけるにはどうしたらよいかを学ぶことができる。多彩なチームメンバーとの協働の経験を積むことができる。そうすることによって、どんな状況にも最適な選択を行うことができるようになる。ここまでいくと理想であるが、そうした理想を実現することにより、「思慮深さ」は身についていく。

　一つのプロジェクトが終了するとき、そのプロジェクト環境も解消するわけである。目標達成のためのチームなのであるから、解散するということが重要である。いつまでもだらだらと同一環境を維持しないということが大切なのである。そのことが多くのプロジェクト環境に身を置くことを可能にする。一つのプロジェクトだけに従事していたのでは、蓄積《ちくせき》される経験は少ない。

　もちろん、同時に複数のプロジェクトに身を置くこともできるのだが、そこでのメンバーどうしの関係は、プロジェクトの終了ごとに解消する。プロジェクトごとにそのチーム内で求められる役割は異なり、また発揮する能力にも違いがあるから、わたしたちは、さまざまなプロジェクト環境に身を置くことにより、多様で複雑な選択を経験することができる。多様な人間関係も経験することができるであろう。こうして、プロジェクト環境は、人間の選択能力としての「思慮深さ」を磨いてゆくのである。

　三つのグループのなかで行動するためには、それぞれに適した⑨「思慮深さ」が求められる。クラス環境では、クラスの秩序を乱さないことが大切で、そのためには、クラスを支配するルールをしっかり認識し、それに則《のっと》って行動しなければならない。

　なかよし環境では、なかよし仲間の好き嫌いを認識し、仲間の和を乱さないような行動が求められるであろう。時には集団を支配する暗黙のルールを認識し、それに従った行為を選択できること、いわば「空気を読める」こと、あるいは、なかよしグループの和を乱さないような言動を選択することがこうしたグループでの適切な行為の選択である。たしかに、こうした選択にも、ある種の思慮深さが求められる。

　クラス環境となかよし環境のどちらもが既存の秩序やルールに従う言動を選択することが求められるが、人生では、すでに存在する規範に則して行動すれば最適な選択ができるとはかぎらない状況に遭遇する。

　未知の領域に踏み込むと、わたしたちは、どのような選択をすればよいかに迷う。すでに述べたように、現代のわたしたちが直面している数々の課題は、既存のルールや規範だけに依拠※2していたのでは、解決できないことも多いのである。そうしたなかで、解決すべき目標を共有し、集団がその内部に小さな集団を生み出すとき、そこに反目《はんもく》※1と排除が発生するからである。

わたしたちは、人生の至るところで、さまざまな集団に所属する。あるときはクラス環境、あるときはなかよし環境、あるときはプロジェクト環境である。ただ、クラス環境では、わたしたちの選択は限られる。なによりも集団への所属そのものが選択の対象ではないからである。なかよし環境は、好みの合う、気の合う仲間の集団であるから、その集団への帰属は、通常、自らの選択の対象となる。［ C ］、なかよし環境では、気の合う仲間どうしのときはいいのだが、いったん関係がぎくしゃくしてしまうと、反目や排除といったことが生まれかねない。以前なかよしだった二人、あるいは、三人が憎しみあうことにもなる。なかよし環境というのは、②そういうリスクをつねに含んでいる。

わたしたちは、さまざまな場面でクラス環境となかよし環境のなかで生活している。家族は、血縁関係で結ばれた③一種のクラス環境と考えることもできる。わたしたちは、家族への所属をみずからの選択にもとづいて得たわけではないからである。それは、所属する当人の選択による所属ではなく、両親の選択と行為の結果としての所属だからである。

会社や行政組織などで所属するグループもまたクラス環境の一つと考えることができる。ある会社に④就職することを望み、試験を受けることは選択である。しかし、採用は会社のほうの選択である。さらに、組織のメンバーに属することは、「配属」による。「配属」とは、人を一定の部署《ぶしょ》に配置して所属させることであり、当人から見れば、一定の部署に配置・所属させられることである。組織やその下部組織としての部署では、その部署のメンバーが従うべきルールや規範があり、これに従って仕事をする。生産部門であれば、製品を生み出すための作業を行うが、そこでは、ルールに則した効率的な行為が求められる。営業部門では、顧客《こきゃく》とのやりとりのなかで契約を成立させるための行為が要求されるであろう。【b】

クラス環境となかよし環境とならんで、もう一つ重要な環境である⑤「プロジェクト環境」をとりあげよう。プロジェクト環境とは、クラス環境でもなかよし環境でもない、第三の環境である。この関係を成立させるのは、クラス環境のように、集団外の第三者でもなく、集団構成者の利害でもない。ともに力を合わせて協働することによって実現すべき目標である。プロジェクト環境では、グループのメンバーは、達成すべき目標を共有して、これを実現するために協力しあう。

プロジェクト環境を形成する基礎は、プロジェクト集団を統合するプロジェクトの存在である。プロジェクトとは、唯一的な目標を達成するためのプロセス、スタートから始まってゴールをめざす活動である。この環境では、実現すべき目標に向かう努力が集団をまとめる力となっている。プロジェクトのメンバーはたまたま集団のなかに入ったのでもなく、好きだから仲間になったのでもない。何かを成し遂げるために力をあわせて共に行動するために集まるのである。

プロジェクト集団は、プロジェクトを遂行するためのチームである。⑥クラス集団もなかよし集団もチームではない。プロジェクトを遂行することのために集まった集団がプロジェクトチームである。

クラス環境、なかよし環境、プロジェクト環境と三つの環境をわたしが挙げてきたのは、「選択」にもっともかかわるのがプロジェクト環境だからである。学園祭で劇を上演する、運動会で出し物を演じることなどは、プロジェクトといえなくもない。しかし、すでに選択の余地もなく演目が決まり、役も指定されているならば、文字通りのプロジェクト

問十二　この文章について説明した次の文の中から最も適切なものを選び、記号で答えよ。

ア　この文章では江戸時代が舞台として設定され、身分制度の中で生き方を見つけ出せないでいる少年たちが、励まし合うことによって苦難を乗り越える姿が生き生きと描かれている。

イ　この文章には危機に直面した主人公と家族の姿が描かれ、家族と主人公の友人とのユーモアも含んだふれ合いによって、その状況の厳しさを忘れていく様子が情感豊かに描かれている。

ウ　この文章では「息を呑み込む」「息が詰まった」など、「息」にまつわる語句を効果的に用いて、人物たちの緊張する様子や、緊張から解きほぐされていく様子が印象的に描かれている。

エ　この文章には友人の姉に憧れるあまり屋敷に忍び込んでしまった主人公の、大胆ではあるが誠実な行動によって、家族が気持ちを明るくし自信を取り戻す姿が感動的に描かれている。

## 四

次の文章を読んで、あとの問いに答えよ。

学校を例に人間の集団を考えると、クラス分けによって子どもたちは、特定のグループに所属する。クラス分けは、子どもたち自身の選択にもとづく集団形成ではなく、子どもたち以外の人びとによる指定によって決まる手続きである。どこに所属するかは、子どもたちにとっては、いわば遭遇《そうぐう》であって、選択ではない。そこでクラスメイトに出会うことになる。これも遭遇である。クラス環境では、気の合う者とそうでないものとが自然に分かれる。気の合う者がいなければ、仲間に入れない状況が生まれる。

気の合う者どうしが集まれば、そこには新しいグループが生まれる。そのような人間環境を「なかよし環境」と呼ぶことにしよう。学校であっても、会社であっても、政府であっても、人間社会のなかには、なかよし環境が存在する。なかよし環境は、楽しみや好みを共有する集団である。

なかよし環境が組織のなかで生まれるとき、［ A ］、それが①利益の囲い込みを生み出すとき、そのような集団は「ムラ社会」と呼ばれる。ムラ社会では、集団の利害に従わない、［ B ］、ムラ社会のルールに背く者を排除《はいじょ》する傾向をもつ。昔は、これを村八分といった。村八分は、共同体に従わない、あるいは、共同体の利益に沿わない人を排除することである。二分というのは、葬式《そうしき》の世話と火事の消火活動で、それ以外の付き合いはしないということだといわれる。【a】

いじめという暴力が発生しやすいのは、クラス環境となかよし環境である。なかよし環境にあるのはなかよし集団であるから、排除は発生しないのではないかと思われるかもしれないが、そうではない。なかよし

イ　当たり前にあった日々

ウ　奉公人たちの強い結束

エ　家の経済を支える基盤

問七　傍線部④「言い訳ではないだろう」とあるが、藤士郎は五馬たちの行動についてどのように考えたということか。六十字以内で説明せよ。

問八　［ C ］～［ F ］に当てはまる語句として最も適切なものを次の中からそれぞれ選び、記号で答えよ。

ア　ぼそっと　　イ　すっと　　ウ　ぶらっと

エ　こそこそと　　オ　ふっと

問九　波線部e～hについて説明した次の中から、**適切でないもの**を一つ選び、記号で答えよ。

ア　eの「明かりが点《とも》った」という表現には、美鶴の登場によって喜びを隠し切れない慶吾の様子が表されている。

イ　fの「風見さま」という表現からは、慶吾たちがすでに大人として扱ってもいいような年齢になっていることが表されている。

ウ　gの「茶色い尾《お》っぽを見たようで」という表現からは、藤士郎には慶吾が美鶴にこびを売っているように見えたことが表されている。

エ　hの「眉を顰《ひそ》めた」という表現からは、「おまえの尻尾《しっぽ》が」と言われ不愉快《ふゆかい》に感じ顔をしかめている慶吾の様子が表されている。

オ　e～hの中で、直喩《ちょくゆ》が用いられているのはeとgである。

問十　傍線部⑤「がちがちだった」とあるが、ここまでの藤士郎の気持ちの変化について説明した次の文章の（ Ⅰ ）～（ Ⅲ ）に当てはまる語句を、それぞれ指定された字数で文章中からさがし、抜き出して答えよ。

> 家に訪れた五馬や慶吾とのふれ合いにより、藤士郎は久しぶりに本気で笑った。それまでは息をするのが苦しいほど（ Ⅰ 2字 ）していた自分の心身がほぐれ、忘れていた自分の家の（ Ⅱ 4字 ）に気がついた。それをきっかけにして、（ Ⅲ 8字 ）を取り戻した。

問十一　文章の最後の点線で囲んだ部分のこの小説での働きについて説明した次の中から最も適切なものを選び、記号で答えよ。

ア　窮地を乗り越える決意をした藤士郎は、剣の腕を磨くため五馬に稽古を申し出るが、それをうれしそうに五馬が受け入れたことで、近く父を無事に救い出すことを予感させる働き。

イ　以前と同じように稽古の相手を求める藤士郎に対して、今まで通りの憎まれ口で五馬が答えることで、二人の心持ちが日常を取り戻し、さわやかな気持ちになっていることを表す働き。

ウ　持ち前の負けん気の強さを取り戻し、稽古を挑む藤士郎に対して、五馬は自分に歯が立たないことを知りながら受け入れることで、二人が友情を取り戻したことを実感させる働き。

エ　藤士郎の家に忍び込んだことを後悔している五馬に対して稽古の相手を依頼しその気持ちを藤士郎が和らげることで、仲間同士の気のおけない関係を取り戻したことを感じさせる働き。

問一　二カ所の[A]には共通してからだの一部を表す語句が入る。その語句を漢字一字で答えよ。

問二　傍線部①「勝てません」とあるが、この時の美鶴の気持ちの説明として最も適切なものを次の中から選び、記号で答えよ。

ア　父が処罰されるという現実を受け入れられない母に頬をたたかれて、それまで我を失っていたことに気付き、冷静さを取り戻して母にしっかりと自分の考えを伝えようとする気持ち。

イ　父が犯した罪により処罰を受けるのは当然のことであるのに、それを受け入れられず、いつまでも希望を捨てきれない母に嫌気がさし、強く非難しようとする気持ち。

ウ　父が無実なのは明らかだが、藩の重職に捕らえられた以上、罪人として処されることは間違いなく、その現実と闘っていく覚悟を決めなければならないと母をさとそうとする気持ち。

エ　父が置かれている現実の厳しさを理解せずに感情的に母が自分の頬をたたいたことに我を忘れ、さらに厳しい現実を突きつけて母を責め立てようとする気持ち。

問三　傍線部②「罪人に仕立て上げる」とあるが、同じ内容を述べた次の慣用句の（　　）にふさわしい語句を後の選択肢の中から選び、記号で答えよ。

（　　　）を着せる。

ア　ぼろ　　イ　ぬれ衣《ぎぬ》　　ウ　汚名　　エ　恩

問四　傍線部③「覗《のぞ》き見た眼には、強い光が宿っていた」とあるが、藤士郎はその「光」の中に何を感じ取ったか。文中から二十字以内でさがし、抜き出して答えよ。

問五　波線部a～dの慶吾のことばから感じることについて、国語の授業の中で生徒が議論した。次はその内容である。A～Dの生徒の意見の中で、**読み間違えているものはどれか**。記号で答えよ。

**先生　これらの慶吾のことばから、どんなことを考えますか。**

**A君**「aの言葉からは、こっそり忍び込んだことが見つかってきまりが悪く、その場をなんとか取りつくろうとする気持ちが分かるね。」

**B君**「その一方で、bの言葉からは、友だちのことを心配するやさしい気持ちもうかがえます。」

**C君**「cの言葉は面白いね。自分たちが忍び込んだことを裏門の閂がかかっていなかった不用心さにすり替えようとしている。しかも真顔で言っているところがおかしい。」

**D君**「dの言葉からは、細かいことを気にかける五馬に対してあまり気にしないおおらかな性格を感じるね。」

問六　[B]に当てはまる語句として最も適切なものを次の中から選び、記号で答えよ。

ア　幸福が約束された人生

「いや、おれの考え過ぎだったらしい。こうしてちゃんと笑っていられるのだから、よかった」

⑤「がちがちだった」

苦《にが》く笑《え》んでみる。

どこもかしこも強張《こわば》って、息をするのさえ苦しかった。そのくせ、自分がどれほど硬直していたか気づかずにいた。本気で笑って、やっと息が通ったのだ。己を鼓舞《こぶ》する余裕が戻ってきた。

「おまえたちのおかげだ」

五馬はかぶりを振り、さっきより長く息を吐いた。

（中略）

美鶴と熱心に話をしている慶吾は、もはや藤士郎のことなど念頭にないようだ。美鶴も柔らかく応じている。姉の和《なご》んだ表情に、藤士郎はまた一つ、気がついた。

姉もまた、張り詰《つ》めていたのだ。切れる寸前、ぎりぎりまで張り詰め、耐えていた。

しっかりせねば。

父に伝えねばならないのだ。

ご安心ください。お帰りになるまで、母上と姉上はわたしが守り通します、と。

「五馬」

「うん？」

「また、稽古《けいこ》相手になってくれ」

「ああ、いつでも。道場で待っている。ただし、手加減はせんぞ」

「当たり前だ。おれだって遠慮などしない。存分に打ち込んでやる。案外、二本ぐらいは取れるかもしれん」

「何本勝負のつもりだ。百本か？　千本か？」

「くそっ。その減らず口を叩《たた》き潰《つぶ》してやる」

藤士郎はこぶしを五馬の鼻先に突き出した。五馬の手のひらが、そのこぶしを包み込む。

温かかった。

（あさのあつこ『天を灼《や》く』より）

注

※1　能登《のと》…天羽《あもう》藩内にある罪人が送られる地。処刑場もある。

※2　現《うつつ》…現実。

※3　脇差《わきざし》…武士が腰にさす短い日本刀。

※4　誰何《すいか》…「だれか」と呼び止めて調べること。

※5　鯉口《こいくち》を切る…刀を鞘《さや》から抜こうとする動作をすること。

※6　童《わらし》…子ども。

※7　閂《かんぬき》…門の扉が開かないようにする横木。

※8　矜持《きょうじ》…誇り・自信。

※9　中間《ちゅうげん》…武士に仕えて雑務に当たった者。

※10　蟄居《ちっきょ》…門を閉ざし自宅で謹慎《きんしん》すること。

※11　逼塞遠慮《ひっそくえんりょ》…人の出入りはあるが自宅で謹慎すること。蟄居閉門も同じ。

※12　沙汰《さた》…裁定・裁決。

※13　童《わらべ》しく…子どもっぽく。

※14　危惧《きぐ》…危ぶみ心配すること。

廊下まで出てきた美鶴がよく通る声で言った。

「三人で［C］。ふふっ、今度はどんな悪さをお考え？」

「美鶴さま」

慶吾の顔色が明るくなる。e内側に明かりが点《とも》ったようだ。

「慶吾さん、お久しぶりでございますね。fあら、風見さまとお呼びしなければならなかったでしょうか」

「慶吾で十分です。昔通りに、お呼びください」

慶吾が早足で進み出る。美鶴が［D］腰を下ろした。藤士郎の眼にも優雅《ゆうが》な所作《しょさ》に映った。

「暫《しばら》くお見かけしないうちに、随分《ずいぶん》と逞《たくま》しくなられましたこと」

「えっ、本当ですか。いや、美鶴さまに褒《ほ》められるとは望外《ぼうがい》の喜びです。嬉《うれ》しいなあ」

慶吾の口調が弾む。

「子犬みたいだな」

五馬が、［E］呟《つぶや》いた。

確かに、主人に頭をなでてもらって喜んでいる犬を思わせる。

「尻尾《しっぽ》が生えてたら、ぶんぶん振っているのではないか」

五馬の生真面目《きまじめ》な物言いがおかしい。g慶吾の尻に束《つか》の間だが茶色い尾《お》っぽを見たようで、それもおかしい。

藤士郎は笑い出してしまった。

慶吾が振り返り、首を傾《かし》げる。

「何がおかしいんだ、藤士郎」

「いや、おまえの尻尾がな……」

「尻尾？　何の尻尾だ」

h慶吾は両手で自分の尻を探り、眉《まゆ》を顰《ひそ》めた。

「そんなもの生えてないぞ」

今度は五馬も笑い声をあげた。美鶴の、そして茂登子の目元さえ緩《ゆる》んでいる。

藤士郎は笑う。

あの不安な夜から後、初めて本気で笑った。

胸がすく。すいたところに風が入り込む。［F］芳《かぐわ》しい匂《にお》いを嗅《か》いだ。何の匂いだろう。花ではない。香でもない。でも芳しい。

はたと気がついた。

庭の匂いだ。

己《おの》が家の庭の匂いだ。苔《こけ》や土や落ち葉の匂い、裸木《はだかぎ》の匂い、熟した柿の匂い、鯉《こい》の跳ねる泉水の匂い。それらが混然《こんぜん》とした匂いだ。季節ごとに変わり、巡りながら、藤士郎が生まれるずっと前からここにあった匂いだ。

それを忘れていた。

今、改めて感じられた。

一陣の風が、身体の真ん中を吹き過ぎていく。

姉には及ばずとも、性根が据《す》わった気がした。惑《まど》うのはもういい。思い悩むのも十分だ。ここからは、前を向く。敵の一太刀《ひとたち》を受け止め、弾き返すために腰を据える。しなやかに構える。

「元気そうでよかった」

五馬が、ふっと息を吐いた。

「意気消沈していると思ったか」

「いや。消沈はしていないと思っていた。むしろ、おまえのことだから、力んで強張《こわば》って、がちがちになってるんじゃないかと危惧《きぐ》※14していた」

「鋭いな、五馬」

c「裏門の※7閂《かんぬき》は掛かっていなかったぞ。不用心極まりない話だ」

慶吾が澄《す》まし顔で告げる。

※8戸締まりや家内の見回りは佐平《さへい》の仕事だ。律義《りちぎ》で、己《おのれ》の仕事に愛着と矜持《きょうじ》を持っている※9中間《ちゅうげん》が、それを疎《おろそ》かにしている。おそらく主家の変事に気もそぞろになり、何も手につかなくなっているのだろう。それは他の奉公《ほうこう》人も同じで、台所仕事の下女《げじょ》も若党《わかとう》たちも、みなうなだれ、萎《しお》れていた。

（中略）

暗く、重い。焦燥《しょうそう》だけが募《つの》っていく。

　B　が崩れ始めているのだ。足元の床が砂に変わってさらさらとどこかへ消えていくような錯覚に、藤士郎は度々《たびたび》襲われた。

「いや、閂《かんぬき》が掛かっていなかったからといって、勝手に入ってよい道理であるわけはないのだが……、つい、その……」

五馬が頬《ほお》を染め、俯《うつむ》く。

「心配して来てくれたのか」

「うん、まあな。その、様々な噂が飛び交って……おれたちの耳にまで入ってくるものだから……」

「様々な噂とは、どんなものだ」

「それは、その……」

d「なに、つまらんやつだ。気に掛けることは、裏門の閂ほどもない」

慶吾が右手を、はたはたと左右に振った。

「何をわけのわからん話をしてる。なんだ、誤魔化《ごまか》さなくてはならないほど悪辣《あくらつ》なものなのか」

「さほどではない」

慶吾が声を潜《ひそ》めた。座敷の女たちに聞かせない配慮《はいりょ》だろう。

「伊吹家は全員、屋敷内に※10蟄居《ちっきょ》させられているとか、大目付の配下が二六時中見張っているとか、間もなく屋敷から立ち退《の》かねばならぬとか……。まあ、そんな類のものだ。知っていたか」

「いや、知らなかった。このところ、ほとんど外に出ていなかったからな。そうか、そんな埒《らち》もない噂がたっているのか」

城から家人への言い渡しは一言もなかった。蟄居閉門《ちっきょへいもん》まではいかなくても、※11逼塞遠慮《ひっそくえんりょ》の刑はあるかと覚悟していたが、一切の※12沙汰《さた》が告げられなかったのだ。

「知らなかったのなら、余計なことをしゃべってしまったな」

慶吾が自分の額をぴしゃりと叩《たた》く。

「どうも、おれは口が軽くていかん」

五馬が苦笑する。

「言い訳のつもりなんだ」

慶吾に向かって顎《あご》をしゃくり、軽く肩を窄《すぼ》めた。

「いくら慣れた屋敷とはいえ、盗人《ぬすっと》まがいに勝手に忍び込んだわけだからな。噂が気になって覗《のぞ》きに来たとでもしておかなくては、格好《かっこう》がつかん」

④「言い訳ではないだろう」

藤士郎も笑ってみる。頬の強張《こわば》りは感じられなかった。

言い訳ではない。

慶吾も五馬も藤士郎たちを案じ、気を揉《も》み、何を為《な》せばいいか見当もつかず、ともかく逢《あ》えるものならと、ここまで来てくれた。庭木の陰に隠れるあたりが※13童《わらべ》しくはあるが、それも愉快《ゆかい》だ。

「相変わらずですね、あなたたちは」

「姉上《あねうえ》」
藤士郎は姉の前に片膝《かたひざ》をついた。
「お止《や》めください。母上のおっしゃる通り、些《いささ》か［A］が過ぎます。姉上らしくございませんぞ」
美鶴が睫毛《まつげ》を伏せ、息を呑《の》み込む。
「ええ……。そうですね。母上さま、藤士郎、お許しください。でも、でも……※2現《うつつ》は惨《むご》いものです。わたしたちはその現と戦わねばなりません。覚悟が……それだけの覚悟が入用《いりよう》なのです」
息が詰《つ》まった。
現と戦う。姉は今、戦《いくさ》の始まりを告げたのだ。③覗《のぞ》き見た眼には、強い光が宿っていた。顔を背けても眼を閉じても変わらない。現は逃げる相手に容赦《ようしゃ》しないものだ。それなら、対峙《たいじ》して凌《しの》ぎ切るしかない。だから、戦うのだ。
雄々《おお》しいな。
姉の覚悟の半分もできていなかったと思い知る。全身で現に立ち向かおうとする強靭《きょうじん》さが眩《まぶ》しかった。眩しくて見詰《みつ》めていられない。視線を逸《そ》らし、庭に向ける。
ガサッ。
茂みが揺れた。躑躅《つつじ》の茂みだ。夏の初めには白と朱《しゅ》の二種の花が咲き、庭を彩ってくれる。今は半《なか》ば落葉し、網の目を思わせる枝の重なりが、ところどころに見て取れた。その茂みのまだ葉の落ち切っていない一端が揺れた。
「誰《だれ》だ」
※3脇差《わきざし》を手に廊下に出る。※4誰何《すいか》の声を上げる。
「そこにいるのはわかっている。出てこい」
「藤士郎、お気をつけて。大目付《おおめつけ》の手の者かもしれませんよ」
美鶴が立ち上がり、囁《ささや》いた。
「心得ました。お任せください。姉上は母上と隣の部屋に」
「人を呼びますか」
「無用です。おい、出てこい。出てこぬなら引きずり出すまで」
庭に下り、※5鯉口《こいくち》を切る。人の気配が濃厚に漂う。
ガサガサと茂みは揺れ、色を変じた葉が落ち、言い争う声が聞こえてきた。
「おまえが先に出ろ」
「嫌だ。様子を見に行こうと誘ったのは、そっちではないか」
「おまえがあれこれ心配してるからだろうが」
「それはお互い様だ。ずっと気に病んでいたくせに」
「いいから出ろったら、ほら」
「うわっ、よせ。押すな、馬鹿《ばか》」
茂みから人影が転がり出てくる。
「慶吾」
a「あ……いや、どうも。久しぶりだな、藤士郎」
風見慶吾が作り笑いを浮かべながら会釈《えしゃく》する。その後ろから、大鳥五馬が長身を竦《すく》めるようにして現れた。
「おまえら、他人の庭で何をしてるんだ。いい歳《とし》をして、かくれんぼか」
b「そう、そうなんだ。五馬のやつが、かくれんぼをしようなんて言い出してな。ほんと、こいつはいつまで経っても※6童《わらし》で困る」
「慶吾。出まかせをべらべらしゃべるな。藤士郎、すまん。忍び込む気はなかったんだ。ただ、そのちょっと……おまえがどうしているか気に掛かって……」

# 二〇二一年度　日本学園高等学校（第1回）

【国　語】（五〇分）〈満点：一〇〇点〉

## 一

次の傍線部の漢字の読みを答えよ。

① 領主に苦境を直訴する。

② それは曇天の日の午後のことだった。

③ あの男に匹敵する力を持つ者はそういない。

④ 彼の門出を祝福する。

⑤ 師から秘伝を授かる。

## 二

次の傍線部のカタカナを漢字に直せ。

① 緊張してミャクハクが上昇する。

② この絵はビミョウな色使いをしている。

③ 彼はイナヅマのように走り去った。

④ 代表選手に選ばれるのはメイヨなことだ。

⑤ 第一志望に合格してウチョウテンになる。

## 三

次の文章を読んで、あとの問いに答えよ。

伊吹藤士郎《いぶきとうしろう》は、道場仲間である慶吾《けいご》や五馬《いつま》と、剣の稽古《けいこ》に日々汗を流す仲である。伊吹家は天羽藩《あもうはん》で大組組頭《おおくみくみがしら》を務めてきた家柄で、藤士郎の父斗十郎《とじゅうろう》は誰にとっても信頼の厚い人物であった。しかし、突然斗十郎が大目付《おおめつけ》（藩の監視役）の配下の者によって捕らえられた。家族は、策略によってありもしない疑いをかけられたに違いないと、斗十郎の無事の帰宅を信じるが、藤士郎の姉美鶴《みつる》は真剣な面持ちで「父上は切腹を命じられるかもしれない」と、母の茂登子《もとこ》に思いを述べる。

ばしりと肉を打つ音が響いた。美鶴が頬《ほお》を押さえ、姿勢を崩す。

「いいかげんになさい。あまりに［A］が過ぎますよ」

娘を打った手をわななかせて、茂登子《もとこ》が言う。押し殺した低い声音《こわね》だった。

「お父上は生きてお帰りになります。何の疾《やま》しさも罪もないのに、腹を召されるわけがありません。そんな負け方をなさるわけがないのです」

①「勝てません」

姿勢を正し、美鶴が叫んだ。

「父上さまがどれほど強くとも、正しくとも、重職の方々が父上さまを②罪人に仕立て上げるつもりなら、勝ち目はございません」

茂登子が蒼白《そうはく》になる。乾いた唇から息の音が漏《も》れた。

「※1能戸《のと》に送られたのなら、それは父上さまが罪人として処されているからに他なりません」

# 2021年度／日本学園高等学校（第１回）

## 英語解答

Ⅰ　１　ウ　２　イ　３　エ

Ⅱ　4，5，7，8

Ⅲ　１　cities　２　short　３　left
　４　early

Ⅳ　１　good swimmer
　２　was built
　３　There are
　４　has lost

Ⅴ　１　ウ　２　ア　３　ウ　４　エ

Ⅵ　１　a doctor living near my house
　２　don't feel like studying English
　３　too difficult for me to answer

Ⅶ　答え　(例)I want to visit the U.S.A.
　理由①　(例)I'm in the basketball club and basketball is my favorite sport.
　理由②　(例)I'd like to watch a professional basketball game.

Ⅷ　問１　Learning about other countries
　問２　質問のうちのいくつか
　問３　１　He lived in California.
　　２　No, he didn't.
　問４　ア…summer　イ…friends
　　ウ…country〔hometown〕

Ⅸ　問１　ウ　問２　ア
　問３　１…T　２…F　３…F

Ⅹ　問１　A…ア　B…ウ　C…イ
　問２　ア…3　イ…2　ウ…1
　問３　ビデオゲームはとても興奮させるようなものなので，ビデオゲームをするのを止められない人もいる。
　問４　ウ
　問５　１…ア　２…エ　３…ウ　４…イ

（声の教育社　編集部）

Ⅰ〔単語の発音〕

１．mouth[au]　ア．road[ou]　イ．thought[ɔː]　ウ．about[au]　エ．third[əːr]

２．work[əːr]　ア．walk[ɔː]　イ．bird[əːr]　ウ．father[ɑː]　エ．hard[ɑːr]

３．opened[d]　ア．looked[t]　イ．laughed[t]　ウ．helped[t]　エ．loved[d]

Ⅱ〔単語のアクセント〕

１．díf-fer-ent　２．im-pós-si-ble　３．béau-ti-ful　４．u-ni-vér-si-ty

５．in-tro-dúce　６．ex-ám-ple　７．in-ter-ná-tion-al　８．en-gi-néer

Ⅲ〔単語の関連知識〕

１．book－books は‘名詞の単数形－名詞の複数形’の関係で，city の複数形は cities。語尾が‘子音字＋y’なので，y を i に変えて es をつける。

２．right「正しい」－wrong「間違っている」は反対語の関係。long「長い」の反対語は short「短い」。

３．go－went は‘動詞の原形－動詞の過去形’の関係。leave の過去形は left。

４．up「上へ」－down「下へ」は反対語の関係。late「遅く」の反対語は early「早く」。

Ⅳ〔書き換え―適語補充〕

１．「彼は上手に泳ぐ」を，「彼は上手な泳ぎ手だ」と書き換える。「上手な」は形容詞 good で表し，

「泳ぎ手」は swimmer とする。

2．「この図書館は築55年だ」を「この図書館は55年前に建てられた」と書き換える。「建てられた」は受け身形('be動詞＋過去分詞')で was built と表す。

3．「京都は訪れるべき場所をたくさん持っている」を「京都には訪れるべき場所がたくさんある」と書き換える。「…に～がある」は'There is/are ～＋場所を表す語句'で表せる。'There is/are ～'の文では，'～'が単数であれば be動詞は is，'～'が複数であれば be動詞は are を用いる。ここでは a lot of places という複数なので，are を用いる。

4．「ケンジは部屋の鍵をなくし，今はそれを持っていない」を，「ケンジは部屋の鍵をなくしてしまった」と書き換える。「～した結果，今…だ」という'動作の結果'は，現在完了('have/has＋過去分詞')で表せる。主語が3人称単数なので has を用い，その後には lose の過去分詞 lost を続ける。

**V**〔対話文完成―適文選択〕

1．A：宿題を手伝ってくれてどうもありがとう。／B：どういたしまして。／／お礼を言われて「どういたしまして」と応じる表現には，Don't mention it. が使える。他に，You are welcome. や Not at all. なども言える。

2．A：昨日，本を買いました。／B：どんな本を買ったのですか？／A：日本の歴史に関するものです。／／What kind of ～「どのような(種類の)～」と尋ねているので，買った本の種類を答えるアが適する。

3．A：ピザにはチーズが必要です。／B：ピザには何が必要ですって？　聞こえませんでした。／A：チーズです。／／Aが再度，「チーズ」と答えているので，BはAの言葉が聞こえなかったのだと判断できる。

4．A：忙しそうですね。／B：忙しいです。今日，この仕事を終えなければならないので。／A：お手伝いしましょうか？／B：いいえ，けっこうです。1人でできますので。／／空所の直後にあるBの返事から，Aは手伝いを申し出たことがわかる。Shall I ～？は「～しましょうか」と何かを申し出るときの言葉。

**VI**〔整序結合〕

1．A：あそこの背の高い男の人は誰ですか？／B：彼はジョーンズさんです。私の家の近くに住んでいる医者です。／／「…に住んでいる」が「医者」を修飾している。「～している」という意味の語句が名詞を修飾する形は，'名詞＋～ing …'で表せる(現在分詞の形容詞的用法)ので，He is a doctor の後に living near my house を続ければよい。

2．A：ケンジ，一生懸命勉強しなさい！／B：今は英語を勉強する気がしないんだ。／／「～したい気がする」は feel like ～ing で表せる。この like は「～のような」という意味の前置詞。

3．A：この質問に答えられませんでした。それは私には難しすぎて答えられませんでした。／B：私もです。／／「～すぎて…は―できない」は'too ～ for … to ―'で表せる。

**VII**〔テーマ作文〕

質問は「あなたはどの国を訪問したいですか」という意味。まず I want to visit ～. と訪問したい国を答え，2文目以降にその理由を書く形などが考えられる。

**VIII**〔長文読解総合―対話文〕

≪全訳≫❶ブラウン先生(B)：夏休みはどうでしたか？❷ケンタ(K)：アメリカに旅行しました。❸B：すごい！　旅行は楽しかったですか？❹K：はい，本当に楽しかったです。❺B：どこに滞在したのですか？❻K：カリフォルニアのグリーンさんとその家族の家に滞在しました。❼B：ああ，私は大学生のときにカリフォルニアに住んでいました。カリフォルニアはいい場所ですね。❽K：そうですね。彼らは僕をいろいろな場所に連れていってくれました。おもしろくて美しいものをたくさん見ました。たくさんの人と友達になったんですよ。全てが僕にとって新しいものでした。アメリカと日本にはたくさんの違いがあることを知りました。❾B：君はたくさんのことを学んだんですね。他の国について学ぶことは重要です。でも，自分の国について学ぶことはそれとちょうど同じくらい重要ですね。❿K：はい，僕もそう思います。グリーンさんから日本についてたくさん質問されました。でも，彼の質問のうちのいくつかはとても難しく，僕はそれらに答えることができなかったのです。日本についてあまり知らなかったし，彼の質問に英語でどのように答えるかわからないということもありました。だから僕はもっと熱心に英語を勉強し，自分の国についてたくさん学ぶつもりです。

**問1＜指示語＞**下線部を含む文は，「でも，自分の国について学ぶことはそれとちょうど同じくらい重要です」という意味。直前の文にある Learning about other countries「他の国について学ぶこと」を当てはめると，意味が通る。

**問2＜指示語＞**この文の前半で，ケンタは「でも，彼の質問のうちのいくつかはとても難しく」と言っている。ここから，「僕はそれらに答えることができなかった」の「それら」は，「質問のうちのいくつか」を指しているとわかる。

**問3＜英問英答＞**1.「ブラウン先生は大学生のときどこに住んでいたか」　第7段落第1文参照。
2.「ケンタはグリーンさんの質問の全てに答えたか」　第10段落第3文参照。

**問4＜要約文完成＞**≪全訳≫ケンタは夏休みの間にアメリカに行った。彼はカリフォルニアに滞在した。彼はそこで，多くのおもしろくて美しいものを見た。そして彼はたくさんの友達をつくった。アメリカと彼の国の間には，多くの違いがあった。〃ア．第1，2段落参照。ケンタがアメリカに行ったのは夏休みの間である。　イ．第8段落第4文参照。 make friends「友達をつくる」　ウ．第8段落最終文参照。 'differences between *A* and *B*'「*A*と*B*の(間の)違い」

**Ⅸ**〔長文読解総合―広告〕

≪全訳≫❶私たちのクラスで興味深い討論が行われます。ぜひ，私たちの討論に参加してください！❷あなたは世界中の言語に興味がありますか？　もしそうなら，いらっしゃいませんか？❸世界には4000を超える言語があります。そして，英語が最も広く使われています。しかし，英語は勉強するべき唯一の外国語なのでしょうか？❹どうお考えになりますか？　ご意見をお聞かせください。さまざまな意見が私たちの考えにとても役立ちます。❺日付：6月27日金曜日　時間：午後3時40分～午後5時20分　場所：学校図書館❻ご意見をお待ちしています！　詳細については，3年A組のアオキコズエまたはカトウユウジまでお問い合わせください。

**問1＜英問英答＞**「3年A組のメンバーは何をするか」―ウ.「彼らは外国語に関して討論する」　第1～3段落および第6段落参照。このクラスが3年A組で，外国語についての討論をすることがわかる。

**問2＜内容一致＞**「学生はアオキコズエさんに連絡すれば」―ア.「詳しい情報が得られる」　第6段

落最終文参照。

問3＜内容真偽＞1．「世界では少なくとも4000の言語が使用されている」…○　第3段落第1文に一致する。　2．「討論は2時間以上になる」…×　第5段落から，時間は午後3時40分から午後5時20分までの1時間40分とわかる。　3．「3年A組の教室が討論の場となる」…×　第5段落に，討論場所は「学校図書館」とある。

**X**〔長文読解総合―説明文〕

≪全訳≫❶休暇中に友達とゲームをするのを楽しみにしているだろうか。そう，きっと楽しみにしているにちがいない。では，どんなゲームをするのか。もう決めただろうか。❷「ゲーム」という言葉を聞くと，オンラインコンピュータゲーム，テレビゲーム，またはゲームセンター内の一部のゲーム機などの「ビデオゲーム」を想像するかもしれない。最近，それらは若者に大人気だ。また，ビデオゲームはとても興奮させるようなものなので，それらをするのを止められない人もいる。しかし，そのようなゲームをプレーしようと考えているなら，少し待ってほしい。ボードゲームの方がビデオゲームよりもおもしろいのだと私は言いたい。そのいくつかは全ての年齢の人々によく知られているので，祖父母と一緒に遊ぶことさえできる。❸最初のボードゲームは4000年前に行われた。一部の国では，それらは宗教行事や国の重要な決定を行うために使用された。今日の世界市場では，約4万2000のボードゲームが選択でき，毎年新しいボードゲームが販売されている。デパートに行くと，あらゆる年齢層に向けたいろいろな種類のボードゲームがある。ボードゲームで遊ぶのはとても簡単だ。プレーヤーの前のテーブルに置くだけでよい。カードをシャッフルし，サイコロを振ると，ゲーム開始だ。ゲームを買えば，いつでもどこでもそのゲームを持っていって遊べる。電気やテレビモニターを使わず，同時にたくさんのボタンを押す必要もない。もちろん，プレーごとに100円かかることもない。❹ボードゲームの最大の長所は，他のプレーヤーと顔を合わせてコミュニケーションを楽しめるということだ。ルールについて，あるいは次に何が起こるか，誰が勝つか負けるかについて話す機会がたくさんある。他のプレーヤーの笑顔を実際に見ることもできる。みんなが一緒になって笑い，ときには叫ぶ。このようにして楽しい時間を共有することは，すばらしい経験だ。家族や友達が，お互いに遊び方を教え合う。ゲームは優れたコミュニケーションツールとして，重要な役割を果たすのだ。❺また，親がビデオゲームの代わりにボードゲームを子どもに買ってあげるのもよいことだ。以下の表を見てほしい。

＜子ども向けボードゲーム＞

| ボードゲームの特徴 | 子どもたちが学ぶこと |
|---|---|
| プレーヤーはゲームの前・最中・後にたくさん話す。 | よいコミュニケーション力 |
| プレーヤーはルールを理解する必要がある。 | ルールを守ることが重要な理由 |
| プレーヤーは，ときには他の人にルールを教える必要がある。 | 明確に物事を説明する方法 |
| プレーヤーは，終わるまでゲームをリセットできない。 | 決して諦めないこと |

❻ほとんどのボードゲームは楽しみのためだけにプレーされるが，この表から，ボードゲームが子どもたちとその親に多くの重要なスキルも教えていることがわかる。そういうわけで，ビデオゲームを片づけて，お気に入りのボードゲームを探し始めてみるのはいかがだろうか。

**問1＜適語選択＞**A．直前に「どんなゲームをするのか」とあるので，するゲームを選んだかと尋ねる文がくることがわかる。‘have＋過去分詞’ の現在完了で「もう決めただろうか」となる decided が適する。　B．be well known to ～「～によく知られている」　C．主語の「新しいボードゲーム」に対応する動詞として，受け身形(‘be動詞＋過去分詞’)で「販売される」となる sold が適切。

**問2＜適語選択＞**ア．in front of ～「～の前に」　イ．直前の plays an important part は「重要な役割を果たす」という意味。「優れたコミュニケーションツールとして」という意味でその後の内容をつなぐ as が適する。　ウ．look for ～「～を探す」

**問3＜英文和訳＞**they と them はともに第2段落第1文の video games「ビデオゲーム」を指す。so exciting that some people can't stop ～ は ‘so ～ that … can't —’「とても～なので…は—できない」の形。exciting は「興奮させるような」。some people が主語となっている文の訳は，「一部の〔何人か〕の人は～」のほか，「～する人もいる」とすることもできる。stop ～ing で「～することをやめる」。

**問4＜要旨把握＞**第4段落第2文に「ルールについて，あるいは次に何が起こるか，誰が勝つか負けるかについて話す機会がたくさんある」とあるが，「一人でもドキドキできる」という記述はない。ほかのものは第4段落中に記述があり，アは第4文で，イは第2文で，エは第3文で，それぞれ述べられている。

**問5＜適語句選択＞**1．左の欄の「プレーヤーはゲームの前・最中・後にたくさん話す」という内容はコミュニケーションに関する事柄なので，ア．「よいコミュニケーション力」が当てはまる。　2．左の欄の「プレーヤーはルールを理解する必要がある」という内容は，エ．「ルールを守ることが重要な理由」につながるものだといえる。　3．左の欄の「プレーヤーは，ときには他の人にルールを教える必要がある」という内容は，説明能力に関する事柄なので，ウ．「明確に物事を説明する方法」が当てはまる。　4．左の欄の「プレーヤーは，終わるまでゲームをリセットできない」は，終了まで根気強く続けなければならないことを意味しているので，イ．「決してあきらめないこと」が当てはまる。

# 2021年度／日本学園高等学校（第１回）

## 数学解答

**1** (1) 30　(2) $\dfrac{a+11b}{6}$

(3) $3+2\sqrt{3}$　(4) $x=-2,\ y=5$

(5) $2(x-2y)(x-3y)$

(6) $x=\dfrac{-7\pm\sqrt{29}}{2}$

**2** (1) $c=\dfrac{-14a+b}{5}$

(2) $\dfrac{\sqrt{7}}{5}<\sqrt{\dfrac{7}{5}}<\dfrac{7}{5}<\dfrac{7}{\sqrt{5}}$

(3) 22人　(4) 1000g　(5) 9

(6) 75°　(7) $168\pi\text{cm}^2$

**3** (1) (0, 8)　(2) 2

(3) $12-4\sqrt{5}$　(4) $\dfrac{56}{3}\pi$

**4** (1) 1：2　(2) 2：1

(3) 3：4　(4) 6：11

**5** (1) $0\leqq x\leqq 6$　(2) 12

(3) $y=-3x+18$　(4) $\dfrac{5}{3}$, $\dfrac{8}{3}$, $\dfrac{10}{3}$

（声の教育社　編集部）

**1**〔独立小問集合題〕

(1)＜数の計算＞与式 $=12\times\left(-\dfrac{3}{2}\right)-(-16)\times 3=-18-(-48)=-18+48=30$

(2)＜式の計算＞与式 $=\dfrac{2(2a+b)-3(a-3b)}{6}=\dfrac{4a+2b-3a+9b}{6}=\dfrac{a+11b}{6}$

(3)＜平方根の計算＞与式 $=\dfrac{\sqrt{2}(\sqrt{12}-\sqrt{4})}{\sqrt{2}}+\{(\sqrt{6})^2-1^2\}=\sqrt{12}-\sqrt{4}+(6-1)=2\sqrt{3}-2+5=3+2\sqrt{3}$

(4)＜連立方程式＞$3(2x+5)=2y-7$……①，$\dfrac{1}{2}x-y=\dfrac{5x-2y-4}{4}$……②とする。①より，$6x+15=2y-7$，$6x-2y=-22$，$3x-y=-11$……①′　②×4より，$2x-4y=5x-2y-4$，$-3x-2y=-4$……②′　①′＋②′より，$-y+(-2y)=-11+(-4)$，$-3y=-15$　$\therefore y=5$　これを①′に代入して，$3x-5=-11$，$3x=-6$　$\therefore x=-2$

(5)＜因数分解＞与式 $=2(x^2-5xy+6y^2)=2(x-2y)(x-3y)$

(6)＜二次方程式＞$9x^2-12x+4=10x^2-5x+9$，$-x^2-7x-5=0$，$x^2+7x+5=0$として，解の公式を用いると，$x=\dfrac{-7\pm\sqrt{7^2-4\times1\times5}}{2\times1}=\dfrac{-7\pm\sqrt{29}}{2}$となる。

**2**〔独立小問集合題〕

(1)＜等式変形＞両辺を２倍して，$14a=b-5c$，$14a$と$-5c$を移項して，$5c=-14a+b$，両辺を５でわって，$c=\dfrac{-14a+b}{5}$である。

(2)＜数の性質＞$\dfrac{7}{5}=\dfrac{\sqrt{49}}{5}$，$\sqrt{\dfrac{7}{5}}=\dfrac{\sqrt{7}}{\sqrt{5}}=\dfrac{\sqrt{7}\times\sqrt{5}}{\sqrt{5}\times\sqrt{5}}=\dfrac{\sqrt{35}}{5}$，$\dfrac{7}{\sqrt{5}}=\dfrac{7\times\sqrt{5}}{\sqrt{5}\times\sqrt{5}}=\dfrac{\sqrt{245}}{5}$だから，$\dfrac{\sqrt{7}}{5}<\dfrac{\sqrt{35}}{5}<\dfrac{\sqrt{49}}{5}<\dfrac{\sqrt{245}}{5}$より，$\dfrac{\sqrt{7}}{5}<\sqrt{\dfrac{7}{5}}<\dfrac{7}{5}<\dfrac{7}{\sqrt{5}}$である。

(3)＜一次方程式の応用＞クラスの人数が40人なので，男子の人数を$x$人とすると，女子の人数は$40-x$人と表せる。男子の平均点が63点，女子の平均点が55点だから，男子，女子の点数の合計はそれぞれ$63x$点，$55(40-x)$点となる。また，クラス全体の平均点が59.4点だから，クラス全体の合計点について，$63x+55(40-x)=59.4\times 40$が成り立つ。これを解くと，$63x+2200-55x=2376$，$8x=176$，$x=22$となるから，男子の人数は22人である。

(4)＜一次方程式の応用＞加える５％の食塩水を$x$gとする。12％の食塩水400gに５％の食塩水$x$gを加えて7％の食塩水をつくるので，7％の食塩水は$400+x$gできる。このとき，12％の食塩水400gに含まれる食塩の量と5％の食塩水$x$gに含まれる食塩の量の合計は，7％の食塩水$400+x$gに含まれる食塩の量と等しいから，$400\times\frac{12}{100}+x\times\frac{5}{100}=(400+x)\times\frac{7}{100}$が成り立つ。これを解くと，$4800+5x=(400+x)\times7$，$4800+5x=2800+7x$，$-2x=-2000$，$x=1000$(g)となる。

(5)＜**関数―$x$座標**＞直線$l$は直線$y=2x+3$と平行だから，直線$l$の傾きは2である。よって，切片を$b$とすると，直線$l$の式は$y=2x+b$と表せる。直線$l$は点(3，－1)を通るから，$-1=2\times3+b$より，$b=-7$となり，直線$l$の式は$y=2x-7$である。直線$l$が点($a$，11)を通るので，$11=2\times a-7$が成り立ち，$-2a=-18$，$a=9$となる。

(6)＜**図形―角度**＞右図1のように，5点A，B，C，D，Eを定め，円の中心をOとし，点Aと点B，点Oと2点B，Cを結ぶ。$\overset{\frown}{BC}$の長さは円周の$\frac{2}{12}$だから，$\angle BOC=360^\circ\times\frac{2}{12}=60^\circ$である。$\overset{\frown}{BC}$に対する円周角と中心角の関係より，$\angle BAE=\frac{1}{2}\angle BOC=\frac{1}{2}\times60^\circ=30^\circ$である。また，$\overset{\frown}{AD}:\overset{\frown}{BC}=3:2$だから，$\angle ABE:\angle BAE=3:2$であり，$\angle ABE=\frac{3}{2}\angle BAE=\frac{3}{2}\times30^\circ=45^\circ$である。よって，△ABEで内角との外角の関係より，$\angle x=\angle BAE+\angle ABE=30^\circ+45^\circ=75^\circ$である。

図1

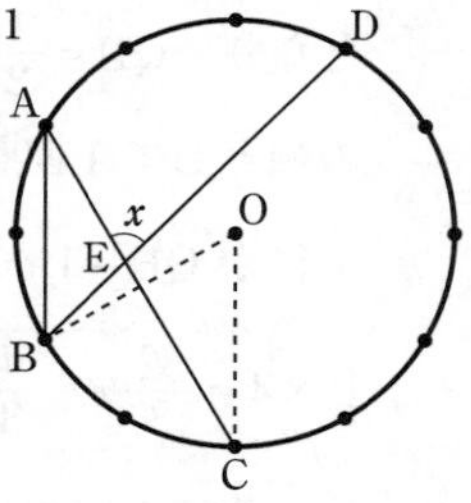


(7)＜**図形―表面積**＞底面の半径が6cm，高さが8cmの円柱の展開図は右図2のようになる。側面を展開してできる長方形の横の長さは，底面の円周の長さと等しいから，$2\pi\times6=12\pi$である。よって，側面積は，$8\times12\pi=96\pi$である。底面積は$\pi\times6^2=36\pi$だから，円柱の表面積は，$36\pi\times2+96\pi=168\pi$(cm²)である。

図2

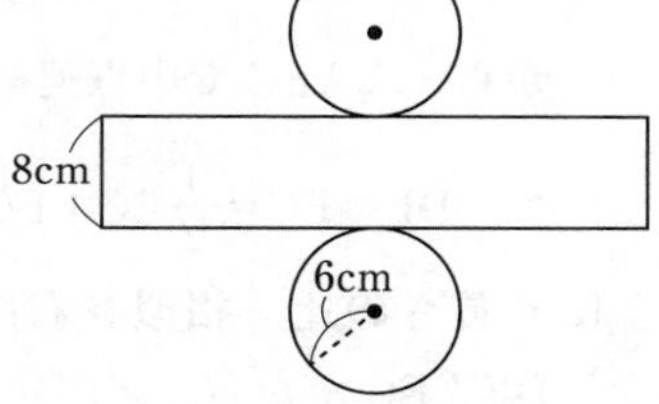


**3**〔**関数―関数$y=ax^2$と直線**〕

(1)＜**座標**＞右図1で，B(－2，0)より，OB＝2である。▱OACBの面積が16より，OB×OC＝16だから，2×OC＝16が成り立つ。これより，OC＝8となるから，C(0，8)である。

(2)＜**比例定数**＞右図1で，平行四辺形の対辺だから，AC＝OB＝2となり，点Aの$x$座標は2である。また，(1)より，OC＝8だから，点Aの$y$座標は8となる。よって，A(2，8)である。点Aは放物線$y=ax^2$上の点だから，$8=a\times2^2$が成り立ち，$a=2$である。

(3)＜**面積**＞右図1で，B(－2，0)，C(0，8)より，直線BCは傾きが$\frac{8-0}{0-(-2)}=4$，切片が8だから，直線BCの式は，$y=4x+8$である。

図1

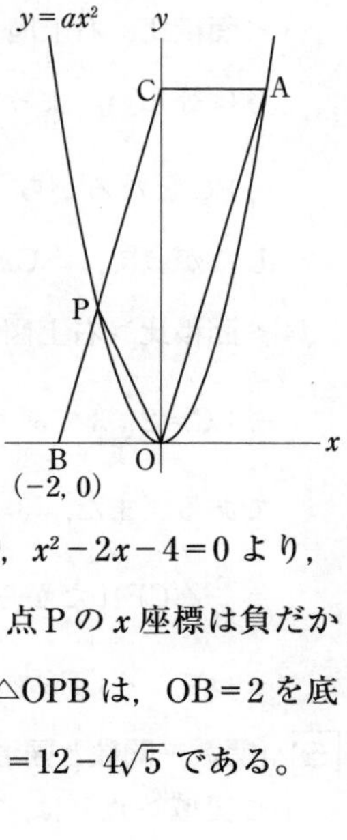


点Pは放物線$y=2x^2$と直線BCの交点だから，$2x^2=4x+8$，$2x^2-4x-8=0$，$x^2-2x-4=0$より，$x=\frac{-(-2)\pm\sqrt{(-2)^2-4\times1\times(-4)}}{2\times1}=\frac{2\pm\sqrt{20}}{2}=\frac{2\pm2\sqrt{5}}{2}=1\pm\sqrt{5}$となり，点Pの$x$座標は負だから，$x=1-\sqrt{5}$である。$y$座標は$y=4(1-\sqrt{5})+8=12-4\sqrt{5}$となるので，△OPBは，OB＝2を底辺と見ると，高さは$12-4\sqrt{5}$である。よって，$\triangle OPB=\frac{1}{2}\times2\times(12-4\sqrt{5})=12-4\sqrt{5}$である。

(4)＜**体積**＞$\square$OACB を，$y$ 軸を回転の軸として 1 回転させてできる立体は右図 2 のようになる。点 B と $y$ 軸について対称な点を点 D とすると，AC＝OB，OB＝OD より，AC＝OD である。また，OA と CD の交点を点 Q とすると，CA∥OD より，∠QAC＝∠QOD，∠QCA＝∠QDO だから，△QAC≡△QOD である。よって，AQ＝OQ となり，点 Q は線分 OA の中点となる。点 Q から $y$ 軸に垂線 QH を引くと，点 H も線分 OC の中点となるから，$\text{OH}=\text{CH}=\frac{1}{2}\text{OC}=\frac{1}{2}\times8=4$ となる。また，△ACO∽△QHO となるから，AC：QH＝OA：OQ＝2：1 となり，$\text{QH}=\frac{1}{2}\text{AC}=\frac{1}{2}\times2=1$ である。四角形 ODQH を $y$ 軸を回転の軸として 1 回転させてできる立体は，底面の半径が OD＝2，高さが OC＝8 の円錐から，底面の半径が QH＝1，高さが CH＝4 の円錐を除いた立体だから，その体積は，$\frac{1}{3}\times\pi\times2^2\times8-\frac{1}{3}\times\pi\times1^2\times4=\frac{32}{3}\pi-\frac{4}{3}\pi=\frac{28}{3}\pi$ となる。四角形 CAQH を $y$ 軸を回転の軸として 1 回転させてできる立体の体積も同様に $\frac{28}{3}\pi$ となるから，求める体積は，$\frac{28}{3}\pi\times2=\frac{56}{3}\pi$ である。

図 2

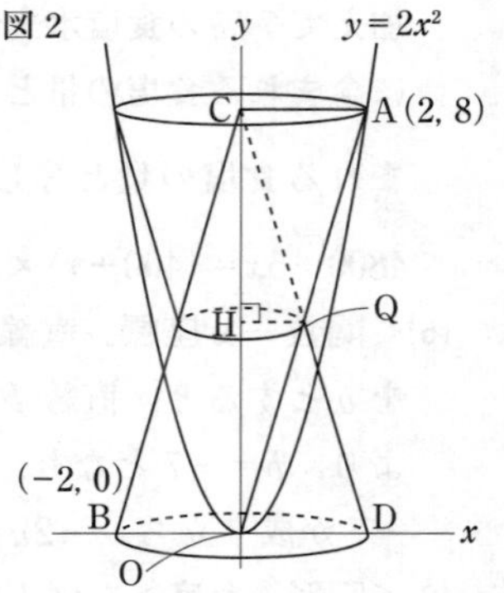


## 4 〔平面図形—三角形〕

(1)＜**長さの比—中点連結定理**＞右図で，AD＝DE，AF＝FC だから，△AEC で中点連結定理より，$\text{DF}=\frac{1}{2}\text{EC}$ である。よって，$\text{DF}:\text{EC}=\frac{1}{2}\text{EC}:\text{EC}=1:2$ である。

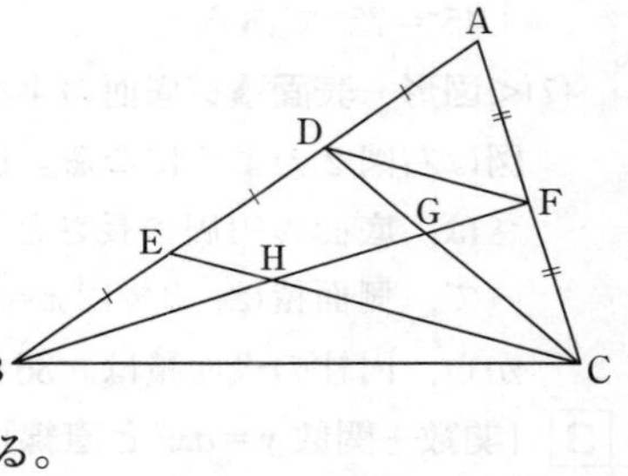


(2)＜**長さの比—相似**＞右図で，△AEC で中点連結定理より，DF∥EC だから，∠BDF＝∠BEH，∠DFB＝∠EHB となり，△DBF∽△EBH である。よって，DF：EH＝DB：EB＝2：1 である。

(3)＜**面積比**＞右上図で，DF∥EC だから，△CFH，△CDE の底辺をそれぞれ HC，EC と見ると，高さは等しい。よって，△CFH：△CDE＝HC：EC である。(1)，(2)より，$\text{EH}=\frac{1}{2}\text{DF}=\frac{1}{2}\times\frac{1}{2}\text{EC}=\frac{1}{4}\text{EC}$ となるから，$\text{HC}=\text{EC}-\text{EH}=\text{EC}-\frac{1}{4}\text{EC}=\frac{3}{4}\text{EC}$ となり，$\text{HC}:\text{EC}=\frac{3}{4}\text{EC}:\text{EC}=3:4$ である。したがって，△CFH：△CDE＝3：4 である。

(4)＜**面積比**＞右上図で，DF∥EC より，△DGF∽△CGH となるから，$\text{FG}:\text{HG}=\text{DF}:\text{CH}=\frac{1}{2}\text{EC}:\frac{3}{4}\text{EC}=2:3$ である。これより，△CFG：△CGH＝2：3 だから，$\triangle\text{CFG}=\frac{2}{2+3}\triangle\text{CFH}=\frac{2}{5}\triangle\text{CFH}$ である。また，(3)より，$\triangle\text{CDE}=\frac{4}{3}\triangle\text{CFH}$ であり，$\triangle\text{CGH}=\triangle\text{CFH}-\triangle\text{CFG}=\triangle\text{CFH}-\frac{2}{5}\triangle\text{CFH}=\frac{3}{5}\triangle\text{CFH}$ だから，$〔\text{四角形 DEHG}〕=\triangle\text{CDE}-\triangle\text{CGH}=\frac{4}{3}\triangle\text{CFH}-\frac{3}{5}\triangle\text{CFH}=\frac{11}{15}\triangle\text{CFH}$ である。よって，$\triangle\text{CFG}:〔\text{四角形 DEHG}〕=\frac{2}{5}\triangle\text{CFH}:\frac{11}{15}\triangle\text{CFH}=6:11$ である。

## 5 〔関数—関数と図形・運動〕

(1)＜**変域**＞点 P は，頂点 B から頂点 D まで BC＋CD＝6＋12＝18(cm) 動く。点 P の速さは毎秒 3 cm

だから，点Pが頂点Dに到着するのは，頂点Bを出発してから，$18\div3=6$(秒)後である。よって，$x$の変域は，$0\leqq x\leqq6$ である。

(2)**＜$y$の値＞**点Pの速さは毎秒3 cm，点Qの速さは毎秒2 cm だから，$x=4$ のとき，点Pは $3\times4=12$(cm)，点Qは $2\times4=8$(cm)動いている。よって，右図1で，2点P，Qは辺CD上にあり，$\mathrm{CP}=12-6=6$，$\mathrm{CQ}=8-6=2$ である。これより，$\mathrm{PQ}=\mathrm{CP}-\mathrm{CQ}=6-2=4$ だから，$y=\triangle\mathrm{APQ}=\frac{1}{2}\times\mathrm{PQ}\times\mathrm{BC}=\frac{1}{2}\times4\times6=12(\mathrm{cm}^2)$である。

図1

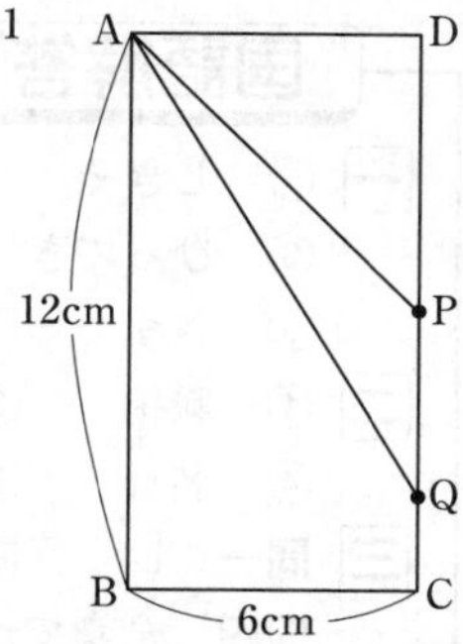


(3)**＜関係式＞**右下図2で，$\mathrm{BC}+\mathrm{CP}=3x$ だから，$\mathrm{CP}=(\mathrm{BC}+\mathrm{CP})-\mathrm{BC}=3x-6$ である。また，$\mathrm{BQ}=2x$ だから，$\mathrm{CQ}=\mathrm{BC}-\mathrm{BQ}=6-2x$ である。よって，〔四角形 APCQ〕$=\triangle\mathrm{ACP}+\triangle\mathrm{ACQ}=\frac{1}{2}\times(3x-6)\times6+\frac{1}{2}\times(6-2x)\times12=9x-18+36-12x=-3x+18$ となるから，$y=-3x+18$ である。

図2

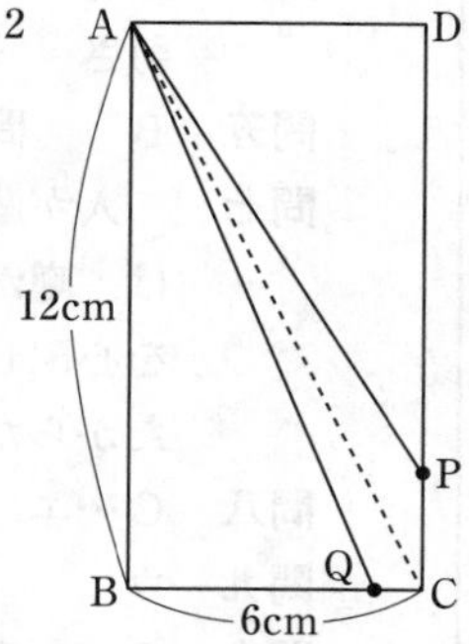


(4)**＜$x$の値＞**$6\div3=2$，$6\div2=3$ より，点Pが頂点Cを通るのは2秒後，点Qが頂点Cを通るのは3秒後だから，$0\leqq x\leqq2$，$2\leqq x\leqq3$，$3\leqq x\leqq6$ の場合に分けて考える。$0\leqq x\leqq2$ のとき，右下図3で，2点P，Qはともに辺BC上にあり，$\mathrm{BP}=3x$，$\mathrm{BQ}=2x$ である。$\mathrm{PQ}=\mathrm{BP}-\mathrm{BQ}=3x-2x=x$ より，$\triangle\mathrm{APQ}=\frac{1}{2}\times x\times12=6x$ だから，$y=6x$ である。$y=10$ のとき，$10=6x$ が成り立ち，$x=\frac{5}{3}$ となる。$0\leqq x\leqq2$ を満たすので適する。$2\leqq x\leqq3$ のとき，(3)より，$y=-3x+18$ だから，$10=-3x+18$ が成り立ち，$3x=8$，$x=\frac{8}{3}$ となる。$2\leqq x\leqq3$ を満たすので適する。$3\leqq x\leqq6$ のとき，右上図1で，2点P，Qはともに辺CD上にあり，$\mathrm{BC}+\mathrm{CP}=3x$，$\mathrm{BC}+\mathrm{CQ}=2x$ である。$\mathrm{PQ}=(\mathrm{BC}+\mathrm{CP})-(\mathrm{BC}+\mathrm{CQ})=3x-2x=x$ より，$\triangle\mathrm{APQ}=\frac{1}{2}\times x\times6=3x$ だから，$y=3x$ となり，$10=3x$ が成り立つ。これを解くと，$x=\frac{10}{3}$ となり，$3\leqq x\leqq6$ を満たすので適する。以上より，$y=10$ となるときの$x$の値は，$x=\frac{5}{3}$，$\frac{8}{3}$，$\frac{10}{3}$ である。

図3

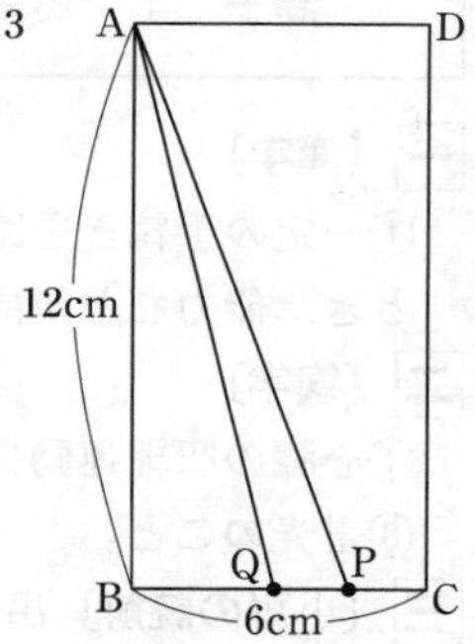

# 2021年度／日本学園高等学校（第１回）

## 国語解答

一　①　じきそ　　②　どんてん
③　ひってき　　④　かどで
⑤　さず

二　①　脈拍　　②　微妙　　③　稲妻
④　名誉　　⑤　有頂天

三　問一　口　　問二　ウ　　問三　イ
問四　全身で現に立ち向かおうとする強靭さ
問五　B　　問六　イ
問七　二人が藤士郎の家に忍び込んだのは，噂が気になり，藤士郎のことを心配してとにかく会おうと考えたからだということ。（55字）
問八　C…エ　D…イ　E…ア　F…オ
問九　ウ
問十　Ⅰ　硬直　Ⅱ　庭の匂い
Ⅲ　己を鼓舞する余裕
問十一　イ　　問十二　ウ

四　問一　A…エ　B…ア　C…ウ
問二　①…オ　④…ウ
問三　なかよし集団の内部に小さな集団が生まれるとき，反目と排除が発生するから。（36字）
問四　ウ　　問五　ア　　問六　ウ
問七　Ⅰ　協働　Ⅱ　多様な人間関係
Ⅲ　最適な選択
問八　エ
問九　既存の秩序〜択すること
問十　【b】　　問十一　イ
問十二　ウ

（声の教育社　編集部）

**一**〔漢字〕
①一定の手続きを踏まずに領主や将軍などに直接訴え出ること。　②曇り空のこと。　③比べたとき，能力などが同程度であること。　④旅立ちのこと。　⑤音読みは「授受」などの「ジュ」。

**二**〔漢字〕
①心臓の収縮運動によって起こる，動脈中の圧力の変動のこと。　②何とも言い表せないこと。　③雷光のこと。　④世間から優れていると高く評価されること。　⑤得意の絶頂であること。

**三**〔小説の読解〕出典；あさのあつこ『天を灼く』。

問一＜慣用句＞「口が過ぎる」は，言うべきでないことまで言い過ぎる，という意味。美鶴の，父は切腹を命じられるかもしれないという言葉や，罪人として処されているという言葉に対し，母と藤士郎は，言い過ぎだと非難している。

問二＜文章内容＞美鶴は，父がどれほど正しくとも，重職たちが罪人に仕立てあげるなら父に勝ち目はないという現状を母に突きつけて，現実から逃げずに立ち向かう覚悟が必要だと訴えた。

問三＜慣用句＞「ぬれ衣を着せる」は，無実の罪を負わせる，という意味。

問四＜文章内容＞美鶴の目には，つらい現実と戦おうという覚悟の光が宿っていた。「全身で現に立ち向かおうとする強靭さ」が，藤士郎にはまぶしく映った。

問五＜文章内容＞藤士郎から「いい歳をして，かくれんぼか」と聞かれた慶吾は，「五馬のやつが，かくれんぼをしようなんて言い出してな」と五馬のせいにして言い訳をしようとした。五馬から「出まかせ」と言われた慶吾のこの言葉には，藤士郎を心配する気持ちは含まれていない。

問六＜文章内容＞中間の佐平や奉公人たちが，主家の変事に何も手につかなかったように，人々の心に焦燥だけが募っていた。それまでは「当たり前にあった日々」が，崩れ始めていたのである。

問七＜文章内容＞慶吾と五馬は，藤士郎の住む屋敷に，盗人まがいに勝手に忍び込んだ。「噂が気になって覗きに来たとでもしておかなくては」と五馬は「言い訳のつもり」で言ったが，藤士郎は，噂を知った二人が，自分たち家族を案じ，気をもみ，何をなせばいいか見当もつかず，ともかく会えるものならとここまで来てくれたのだと，気づいていたのである。

**問八＜表現＞**C．藤士郎が，訪ねてきた慶吾や五馬と話していることに気づいた美鶴は，知られては困るような「悪さ」を三人でこっそりと計画しているのかと，からかった。　D．速やかに腰を下ろす美鶴の所作は，藤士郎の目にも優雅に映った。　E．五馬は，主人に頭をなでられて喜んでいる犬を思わせるような慶吾を見て，生真面目な声で小さくつぶやいた。　F．藤士郎は，本気で笑ったことで，すいた胸に入り込んだ風を感じ，気がつくと，かぐわしい庭の匂いを感じていた。

**問九＜表現＞**「内側に明かりが点ったようだ」という表現は，美鶴に憧れている慶吾の顔色が急に明るくなった様子を表している(ア…○)。「風見さまとお呼びしなければ」という美鶴の言葉は，慶吾たちが大人に近づいていることを示す表現である(イ…○)。尻尾が生えていたら，ぶんぶん振っていると思わせるほど喜んでいる慶吾の様子はほほえましく，藤士郎は思わず笑い出してしまった(ウ…×)。慶吾は，藤士郎にからかわれて，むっとした(エ…○)。「内側に明かりが点ったようだ」「茶色い尾っぽを見たようで」という表現は，いずれも直喩法である(オ…○)。

**問十＜心情＞**藤士郎は，慶吾と五馬が来てくれたことで，父が捕らえられた日以来，初めて本気で笑うことができた。それまでは，五馬の指摘どおり，「力んで強張って，がちがち」だったうえに，自分がどれほど「硬直」していたか気づかずにいた(…Ⅰ)。肩の力の抜けた藤士郎は，今まで忘れていた家の「庭の匂い」に気がつき(…Ⅱ)，一陣の風が身体の中を吹き過ぎていくように思った。本気で笑えた藤士郎は，「己を鼓舞する余裕」が戻ってきたのを感じた(…Ⅲ)。

**問十一＜文章内容＞**藤士郎は五馬に，以前と同じように稽古相手になってくれと頼み，五馬も「減らず口」で答えている。このことで，二人の間に温かい気持ちが通じ合っていることがわかるとともに，ぎりぎりまで張り詰めていた藤士郎の気持ちが変化し，日常を取り戻していこうという思いが生まれてきたこともわかる。

**問十二＜表現＞**「乾いた唇から息の音が漏れた」「息を呑み込む」「息が詰まった」など，「息」を使った表現を続けて，藤士郎一家の焦燥が募っていく様子を表している。さらに，「息をするのさえ苦しかった」藤士郎が，二人の友人の訪れで心が和み，本気で笑ったことで心の余裕を取り戻し，「やっと息が通ったのだ」と元気を取り戻すまでの描写にも，「息」という言葉が使われている。

**四**〔**論説文の読解─社会学的分野─コミュニケーション**〕出典；桑子敏雄『何のための「教養」か』。

**≪本文の概要≫**私たちは，さまざまな集団に所属する。クラス環境では，選択ではなく遭遇によって集団に所属し，なかよし環境では，自らの選択によって楽しみや好みを共有する集団に所属する。家族は，所属を選択できないという意味で，また，会社や行政組織などもメンバーが配属によって決定されるという点で，一種のクラス環境である。プロジェクト環境で関係を成立させるのは，力を合わせて協働することによって実現すべき目標である。目標を自ら設定し，それに向かって同志が集まり，ゴールへ向かう道筋を話し合い，その道筋に沿って作業をスタートさせる。私たちは，多くのプロジェクトに参加することで，多様で複雑な選択，多様な人間関係の経験を蓄積することが可能になり，人間の選択能力としての思慮深さを磨く。クラス環境，なかよし環境では，既存の秩序やルールに従う言動の選択をすることが求められるが，私たちが直面する課題は，既存の規範に依拠していては解決できないことも多い。そこで力を発揮するのが，プロジェクトチームであり，プロジェクト環境である。私たちに必要になるのは，高い目標を掲げながら，その目標に向かって協働するための対話力である。この対話力には，解決すべき課題について深く理解する力や，現代の難しい課題に挑戦するプロジェクトを果敢に推進する力も含まれる。対話力こそが，問題解決に至る思慮深さの学びとなる。

**問一＜接続語＞**A．楽しみや好みを共有するなかよし環境が生まれるとき，さらに，その集団が利益の囲い込みを生み出すとき，その集団は「ムラ社会」と呼ばれる。　B.「ムラ社会」では，構成者は，集団の利害に従わない者，または，「ムラ社会」のルールに背く者を排除する傾向を持つ。　C.なかよし環境は，その集団への帰属は自らの選択の対象となるが，いったん関係がぎくしゃくしてしまうと，反目や排除が生まれかねないというリスクを常に含んでいる。

**問二＜熟語の構成＞**①「利益」と「救助」は，似た意味を持つ漢字を重ねた熟語。　④「就職」と「追跡」は，下の漢字が上の漢字の目的語となっている熟語。

**問三＜文章内容＞**楽しみや好みを共有するなかよし集団にも排除が発生するのは，「なかよし集団がその内部に小さな集団を生み出すとき，そこに反目と排除が発生するから」である。

**問四＜品詞＞**助動詞「た(だ)」には，過去，完了，存続，確認の四つの意味がある。「結ばれた」「似た」の「た」は存続で，〜ている，に置き換えることができる。「終わった」の「た」は完了，「当日だったね」の「た」は確認，「眠れたよ」の「た」は過去の意味を表している。

**問五＜文章内容＞**プロジェクト環境を成立させるのは，集団外の第三者による指定や配属，集団構成者の利害ではなく，「ともに力を合わせて協働することによって実現すべき目標」である。「プロジェクト環境では，グループのメンバーは，達成すべき目標を共有」し，実現するために協力し合う。

**問六＜文章内容＞**プロジェクト環境では，「実現すべき目標に向かう努力が集団をまとめる力」となる。第三者の介在によって「たまたま集団のなかに入った」り，「好きだから仲間になった」りしたわけではなく，「何かを成し遂げるために力をあわせて共に行動する」集団が，プロジェクトチームである。

**問七＜文章内容＞**たくさんのプロジェクト環境に参加することで，私たちは，「多彩なチームメンバーとの協働」によって(…Ⅰ)，目標を達成するために何を選択し，どう行動すべきかを学ぶ経験を積むのである。つまり，「多様で複雑な選択を経験」し，同時に「多様な人間関係」も経験することによって(…Ⅱ)，私たちは，どんな状況でも「最適な選択」を行う能力を身につけることができるようになるのである(…Ⅲ)。

**問八＜文章内容＞**「さまざまなプロジェクト環境に身を置くことにより，多様で複雑な選択を経験」できるので，同一環境を維持せずに，プロジェクト環境を解散させることが重要となる。

**問九＜文章内容＞**クラス環境となかよし環境のどちらもが，「既存の秩序やルールに従う言動を選択することが求められる」のである。

**問十＜文脈＞**会社や行政組織などで所属するグループには，メンバーが従うべきルールや規範があり，これに従って仕事をすることが求められる。したがって，これらの業務においては，「一定の達成目標」のために，「ルールや規範はすでに定められている」のである。

**問十一＜文章内容＞**「プロジェクト環境のなかでの対話能力」とは，集団の和を保つための対話ではなく，「高い目標を掲げながらその目標に向かって行動し，協働するための対話力」である。こうした対話能力には，「解決すべき課題について深く理解する力や，現代という時代が抱える難しい問題に挑戦するプロジェクトを果敢に推進する力」も含まれているのである。

**問十二＜要旨＞**なかよし環境は，集団の内部に小さな集団を生み出すとき，反目や排除が生まれるリスクを常に含んでいる(ア…×)。「多彩なチームメンバーとの協働」と対話は，高い目標を設定し，その目標を達成するために何を選択し，どう行動すべきかを学ぶ経験を積むことができる(イ…×)。既存のルールや規範だけで解決しない課題に直面したときに必要なのは，「解決すべき目標を共有」し，「その目標を達成するための協働を行う」プロジェクト環境で培われた，多様な経験からくる選択能力である(ウ…○)。そこで求められるのは，仲間との和を保つためではなく，高い目標を掲げながら協働するための対話力である(エ…×)。

2025年度用

高校スーパー過去問

■編集人 声の教育社・編集部

■発行所 株式会社 声の教育社

〒162-0814 東京都新宿区新小川町8-15

☎03-5261-5061㈹ FAX03-5261-5062

https://www.koenokyoikusha.co.jp

カコを追いかけ
ミライをつかめ

日本学園高等学校

# 別冊 解答用紙

丁寧に抜きとって、別冊としてご使用ください。

## ★合格者最低点

### 総合進学

| | |
|---|---|
| 2024年度 | 120 |
| 2023年度 | 121 |
| 2022年度 | 112 |
| 2021年度 | 111 |

### 特別進学

| | |
|---|---|
| 2024年度 | 162 |
| 2023年度 | 155 |
| 2022年度 | 159 |
| 2021年度 | 164 |

**注意**

○ 解答用紙は、収録の都合により縮小したものや、小社独自に作成したものもあります。
○ 学校配点は学校発表のもの、推定配点は小社で作成したものです。
○ 無断転載を禁じます。
○ 解答用紙を拡大コピーする場合、表示した拡大率に対応する用紙サイズは以下のとおりです。
101%～102%＝B5　103%～118%＝A4　119%～144%＝B4　145%～167%＝A3
（タイトルと配点表は含みません）

# ２０２４年度　日本学園高等学校　第１回

## 英語解答用紙

| 番号 | | 氏名 | | 評点 | ／100 |
|---|---|---|---|---|---|

Ⅰ　1　2　3　4

Ⅱ　1　2　3

Ⅲ　1　2　3　4

Ⅳ　1　2　3　4　5

Ⅴ
1 We (　　　　　　　　　　　　　　　　　　).
2 It (　　　　　　　　　　　　　　　　　　) languages.
3 Are (　　　　　　　　　　　　　　　　　　)?
4 This (　　　　　　　　　　　　　　　　　　).
5 Do (　　　　　　　　　　　　　　　　　　) here?

Ⅵ
答え
理由①
理由②

Ⅶ　1 a　b　c　2

Ⅷ
1 ア　イ　ウ　エ　オ
2 1　2　3
3 A glass of milk with your sandwich (　　　　　　　　　　　　　　　　　　).
4　5　6
7 ア　イ　ウ

Ⅸ
1 1　2　3
2 a　b　c
3

(注)　この解答用紙は実物を縮小してあります。Ａ３用紙に154%拡大コピーすると、ほぼ実物大で使用できます。(タイトルと配点表は含みません)

| 推定配点 | | 計 |
|---|---|---|
| | Ⅰ～Ⅳ　各１点×16　Ⅴ　各２点×５<br>Ⅵ　答え　３点　理由　各４点×２<br>Ⅶ　各３点×５　Ⅷ　各２点×16<br>Ⅸ　１，２　各２点×６　３　４点 | 100点 |

# ２０２４年度　日本学園高等学校　第１回

## 数学解答用紙

| 番号 | | 氏名 | | 評点 | ／100 |
|---|---|---|---|---|---|

| | | |
|---|---|---|
| 1 | (1) | |
| | (2) | |
| | (3) | |
| | (4) | $x =$ 　　　，$y =$ |
| | (5) | |
| | (6) | $x =$ |

| | | |
|---|---|---|
| 2 | (1) | $c =$ |
| | (2) | $m =$ |
| | (3) | $b =$ |
| | (4) | g |
| | (5) | $a =$ |
| | (6) | 倍 |
| | (7) | $cm^3$ |

| | | |
|---|---|---|
| 3 | (1) | 時速　km |
| | (2) | km |
| | (3) | |
| | (4) | km |

| | | |
|---|---|---|
| 4 | (1) | $y =$ |
| | (2) | |
| | (3) | |

| | | |
|---|---|---|
| 5 | (1) | 度 |
| | (2) | |
| | (3) | |
| | (4) | 通り |

(注)　この解答用紙は実物を縮小してあります。Ｂ４用紙に143％拡大コピーすると、ほぼ実物大で使用できます。（タイトルと配点表は含みません）

| 推定配点 | | 計 |
|---|---|---|
| | 1～4　各４点×20　　5　各５点×４ | 100点 |

# 二〇二四年度　日本学園高等学校　第一回

## 国語解答用紙

番号　　氏名　　評点　/100

一　①　き ②　③　④　⑤

二　①　②　③　④　ねる ⑤

三　問一 A B C D　問二　問三　問四

問五 ・　問六

問七 (30)(40)

問八　問九　問十 を下して　問十一　問十二

四　問一　問二 A B C D

問三 最初　最後

問四 (20)

問五 a b　問六

問七　問八　問九 Ⅰ Ⅱ Ⅲ Ⅳ

問十　問十一　問十二

(注) この解答用紙は実物を縮小してあります。Ｂ４用紙に137%拡大コピーすると、ほぼ実物大で使用できます。(タイトルと配点表は含みません)

| 推定配点 | 計 |
|---|---|
| 一、二　各２点×10<br>三　問一　各２点×４　問二　３点　問三～問六　各２点×５　問七　３点<br>問八～問十　各２点×３　問十一、問十二　各３点×２<br>四　問一　３点　問二、問三　各２点×５　問四　３点　問五、問六　各２点×３<br>問七、問八　各３点×２　問九、問十　各２点×５　問十一、問十二　各３点×２ | 100点 |

# ２０２３年度　日本学園高等学校　第１回

## 英語解答用紙

| 番号 | | 氏名 | | 評点 | ／100 |
|---|---|---|---|---|---|

| | | | | | | | | |
|---|---|---|---|---|---|---|---|---|
| Ⅰ | 1 | | 2 | | 3 | | 4 | |
| Ⅱ | | | | | | | | |
| Ⅲ | 1 | | 2 | | 3 | | 4 | |

| | | | | | | | | | | | | |
|---|---|---|---|---|---|---|---|---|---|---|---|---|
| Ⅳ | 1 | | 2 | | 3 | | 4 | | 5 | | 6 | |

| | | |
|---|---|---|
| Ⅴ | 1 | We ( ) . |
| | 2 | I ( ) on the hill . |
| | 3 | This car ( ) that one . |
| | 4 | She ( ) , but she couldn't . |
| | 5 | He ( ) years . |

| | | | | |
|---|---|---|---|---|
| Ⅵ | 1 | | 2 | |
| | 3 | | 4 | |

| | | |
|---|---|---|
| Ⅶ | 答え | |
| | 理由① | |
| | 理由② | |

| | | | | | | | |
|---|---|---|---|---|---|---|---|
| Ⅷ | 問1 | A | B | 問2 | | 問3 | |

| | | | | | | |
|---|---|---|---|---|---|---|
| Ⅸ | 問1 | ① | ⑥ | 問2 | ② | ⑨ |
| | 問3 | ③ | | 問4 | ④ | ⑩ |
| | 問5 | ⑤ it ( ) to bones . | | | | |
| | 問6 | ⑦ | | | | |
| | 問7 | ⑧ | | 問8 | | |

| | | | | | | | |
|---|---|---|---|---|---|---|---|
| Ⅹ | 問1 | ① ア | イ | ② ウ | エ | | |
| | 問2 | ③ | ⑥ | ⑧ | 問3 | ④ | ⑤ |
| | 問4 | ⑦ ア | イ | ウ | | | |
| | 問5 | 訳 | | | | | |
| | | 理由 | | | | | |
| | 問6 | A | B | | | | |

（注）この解答用紙は実物を縮小してあります。A3用紙に149％拡大コピーすると、ほぼ実物大で使用できます。（タイトルと配点表は含みません）

| 推定配点 | | 計 |
|---|---|---|
| | Ⅰ～Ⅳ　各１点×18<br>Ⅴ～Ⅹ　各２点×41〔Ⅵは各２点×４，Ⅹ問１は各２点×２，問４は完答〕 | 100点 |

# ２０２３年度　日本学園高等学校　第１回

## 数学解答用紙

| 番号 | | 氏名 | |
|---|---|---|---|
| | | | |

| 評点 | ／100 |
|---|---|

| | | |
|---|---|---|
| 1 | (1) | |
| | (2) | |
| | (3) | |
| | (4) | $x =$ 　　, $y =$ |
| | (5) | |
| | (6) | $x =$ |

| | | |
|---|---|---|
| 2 | (1) | $x =$ |
| | (2) | |
| | (3) | 円 |
| | (4) | $n =$ |
| | (5) | 分速　　m |
| | (6) | $cm^3$ |
| | (7) | 度 |

| | | |
|---|---|---|
| 3 | (1) | cm |
| | (2) | cm |
| | (3) | ： |

| | | |
|---|---|---|
| 4 | (1) | $cm^2$ |
| | (2) | cm |
| | (3) | cm |

| | | |
|---|---|---|
| 5 | (1) | $y =$ |
| | (2) | B（　　,　　） |
| | (3) | $t =$ |
| | (4) | $t =$ |

（注）この解答用紙は実物を縮小してあります。B４用紙に137％拡大コピーすると、ほぼ実物大で使用できます。（タイトルと配点表は含みません）

| 推定配点 | | 計 |
|---|---|---|
| | 1～2　各４点×13<br>3　⑴，⑵　各４点×２　⑶　５点<br>4，5　各５点×７ | 100点 |

# 二〇二三年度　日本学園高等学校　第一回

## 国語解答用紙

番号　　氏名　　評点 /100

一　①　②　③　④　⑤　して

二　①　②　③　④　える　⑤

三
問一　問二　問三
問四　B　C　D　E　問五
問六　Ⅰ　Ⅱ　Ⅲ
問七
問八
問九
問十　問十一　問十二　生徒

四
問一　A　B　C
問二
問三　問四
問五　〜　ということ。
問六　問七
問八　問九
問十　問十一

（注）この解答用紙は実物を縮小してあります。Ａ３用紙に147％拡大コピーすると、ほぼ実物大で使用できます。（タイトルと配点表は含みません）

| 推定配点 | 計 |
|---|---|
| 一、二　各2点×10<br>三　問一　3点　問二　2点　問三　3点　問四　各2点×4<br>問五　3点　問六　各2点×3　問七、問八　各3点×2<br>問九　4点　問十〜問十二　各3点×3<br>四　問一　各2点×3　問二〜問十一　各3点×10 | 100点 |

# ２０２２年度　日本学園高等学校　第１回

## 英語解答用紙

| 番号 | | 氏名 | | 評点 | ／100 |
|---|---|---|---|---|---|

Ⅰ　1　2　3　4

Ⅱ　1　2　3

Ⅲ　1　2　3　4

Ⅳ　1　2　3　4　5

Ⅴ
1 Please (　　　　　　　　).
2 He took (　　　　　　　　) away .
3 This is (　　　　　　　　) three .
4 It is (　　　　　　　　) this problem .
5 Do (　　　　　　　　) now ?

Ⅵ
答え
理由①
理由②

Ⅶ　1 a　b　c　2

Ⅷ
1 ア　イ　ウ　エ
2
3　4　5　6

Ⅸ
1 A　B　2 ①　②
3 好きだと思っている点
4 好きではないと思っている点

（注）この解答用紙は実物を縮小してあります。Ａ３用紙に154%拡大コピーすると、ほぼ実物大で使用できます。（タイトルと配点表は含みません）

| 推定配点 | | 計 |
|---|---|---|
| | Ⅰ～Ⅳ　各２点×16<br>Ⅴ～Ⅶ　各３点×12〔Ⅶ２は完答〕<br>Ⅷ　各２点×９<br>Ⅸ　１，２　各２点×４　３，４　各３点×２ | 100点 |

2022年度　日本学園高等学校　第1回

## 数学解答用紙

| 番号 | | 氏名 | | 評点 | ／100 |
|---|---|---|---|---|---|

**1**

| | |
|---|---|
| (1) | |
| (2) | |
| (3) | |
| (4) | $x=$　　　，$y=$ |
| (5) | |
| (6) | $x=$ |

**2**

| | |
|---|---|
| (1) | $c=$ |
| (2) | ， |
| (3) | 分後 |
| (4) | 個 |
| (5) | |
| (6) | 度 |
| (7) | $cm^3$ |

**3**

| | |
|---|---|
| (1) | ： |
| (2) | ： |
| (3) | $cm^2$ |
| (4) | $cm^2$ |

**4**

| | | |
|---|---|---|
| (1) | | $\begin{cases} \\ \end{cases}$ |
| (2) | | 組 |
| (3) | ① | 円 |
| | ② | $b=$ |

**5**

| | |
|---|---|
| (1) | $y=$ |
| (2) | S（　　　，　　　） |
| (3) | $a=$ |
| (4) | $y=$ |

（注）この解答用紙は実物を縮小してあります。A3用紙に147%拡大コピーすると、ほぼ実物大で使用できます。（タイトルと配点表は含みません）

| 推定配点 | | 計 |
|---|---|---|
| | 1～5　各4点×25 | 100点 |

# 二〇二二年度　日本学園高等学校　第一回

## 国語解答用紙

番号　　氏名　　評点 /100

**一**
①　②　③　④　⑤　く

**二**
①　②　③　④　えている　⑤

**三**
問一 a b　問二 A B C D
問三　問四　問五
問六 Ⅰ　Ⅱ
問七　問八
問九
問十　こと　問十一

**四**
問一
問二 Ⅰ　Ⅱ　Ⅲ
問三　問四 A B C D
問五　問六
問七
問八　問九　問十　問十一 A B C D

（注）この解答用紙は実物を縮小してあります。Ａ３用紙に149％拡大コピーすると、ほぼ実物大で使用できます。（タイトルと配点表は含みません）

| 推定配点 | | 計 |
|---|---|---|
| | 一、二　各２点×10<br>三 問一～問八　各２点×13　問九　５点　問十、問十一　各２点×２<br>四 問一～問四　各２点×９　問五、問六　各３点×２　問七　４点<br>問八～問十　各３点×３　問十一　各２点×４ | 100点 |

# ２０２１年度　日本学園高等学校　第１回

## 英語解答用紙

| 番号 | | 氏名 | | 評点 | ／100 |
|---|---|---|---|---|---|

Ⅰ　1　2　3

Ⅱ　（順不同可）

Ⅲ　1　2　3　4

Ⅳ　1　2　3　4

Ⅴ　1　2　3　4

Ⅵ
1 He is (　　　　　　　　　　　).
2 I (　　　　　　　　　　　).
3 It was (　　　　　　　　　　　).

Ⅶ　答え　理由①　理由②

Ⅷ　問1　問2　問3 1 2　問4 ア イ ウ

Ⅸ　問1　問2　問3 1 2 3

Ⅹ　問1 A B C　問2 ア イ ウ　問3　問4　問5 [1] [2] [3] [4]

（注）この解答用紙は実物を縮小してあります。Ａ３用紙に149%拡大コピーすると、ほぼ実物大で使用できます。（タイトルと配点表は含みません）

| 推定配点 | | 計 |
|---|---|---|
| | Ⅰ～Ⅶ　各２点×25<br>Ⅷ　問１　２点　問２　３点　問３，問４　各２点×５<br>Ⅸ　各２点×５<br>Ⅹ　問１，問２　各２点×６　問３　３点　問４，問５　各２点×５ | 100点 |

# ２０２１年度　日本学園高等学校　第１回

## 数学解答用紙

| 番号 | | 氏名 | |
|---|---|---|---|

| 評点 | ／100 |
|---|---|

| | | |
|---|---|---|
| 1 | (1) | |
| | (2) | |
| | (3) | |
| | (4) | $x=$　　　，$y=$ |
| | (5) | |
| | (6) | $x=$ |

| | | |
|---|---|---|
| 2 | (1) | $c=$ |
| | (2) | ＜　＜　＜ |
| | (3) | 人 |
| | (4) | g |
| | (5) | $a=$ |
| | (6) | 度 |
| | (7) | $\mathrm{cm}^2$ |

| | | |
|---|---|---|
| 3 | (1) | C（　　　，　　　） |
| | (2) | $a=$ |
| | (3) | |
| | (4) | |

| | | |
|---|---|---|
| 4 | (1) | ： |
| | (2) | ： |
| | (3) | ： |
| | (4) | ： |

| | | |
|---|---|---|
| 5 | (1) | $\leqq x \leqq$ |
| | (2) | $y=$ |
| | (3) | $y=$ |
| | (4) | $x=$ |

（注）この解答用紙は実物を縮小してあります。Ｂ４用紙に132％拡大コピーすると、ほぼ実物大で使用できます。（タイトルと配点表は含みません）

| 推定配点 | | 計 |
|---|---|---|
| | 1～5　各４点×25 | 100点 |

# 二〇二一年度 日本学園高等学校 第一回

## 国語解答用紙

番号 　 氏名 　 評点 /100

一
①
②
③
④
⑤ かる

二
①
②
③
④
⑤

三
問一 　 問二 　 問三
問四
問五 　 問六
問七
問八 C D E F 　 問九
問十 Ⅰ Ⅱ Ⅲ
問十一 　 問十二

四
問一 A B C 　 問二 ① ④
問三
問四 　 問五 　 問六
問七 Ⅰ Ⅱ Ⅲ
問八 　 問九 〜 　 問十
問十一 　 問十二

(注) この解答用紙は実物を縮小してあります。A３用紙に152%拡大コピーすると、ほぼ実物大で使用できます。(タイトルと配点表は含みません)

| 推定配点 | | 計 |
|---|---|---|
| | 一、二 各２点×10<br>三 問一〜問六 各２点×６ 問七 ５点 問八〜問十 各２点×８ 問十一、問十二 各３点×２<br>四 問一、問二 各２点×５ 問三 ４点 問四〜問七 各２点×６ 問八〜問十二 各３点×５ | 100点 |

# *Memo*

*Memo*